# 그건

# 그런 뜻이

# 아니에요 ❷

**일러두기**

- 본문에 인용한 성경 구절은 대한성서공회에서 펴낸 개역개정판을 따랐습니다. 다른 번역 성경을 사용한 경우에는 따로 표기하였습니다.
- 성경 원문을 글쓴이가 직접 번역하여 인용한 경우 이를 밝혔습니다. 신약 원전은 *Novum Testamentum Graece*(Nestle-Aland 28th Edition)를, 구약 원전은 *Biblia Hebraica Stuttgartensia*(4th Edition)를 사용하였습니다.
- 성경 원문을 인용할 때는 한글 음역으로 표기했고, 헬라어 'θ'는 구분을 위해 우리말 'ㄸ'으로 표기하였습니다.
- 이 책은 '제2차 바이블 스콜레 연구 기금'(2024년)을 지원받아 집필했습니다.

# 그건

# 그런 뜻이

# 아니에요 ❷

: 참뜻을 알아가는 씨름하는 성경 읽기

오경준 지음

비전북

# 머리말

치열한 글쓰기 후에 원고가 책이 되는 과정에서, 작가에게 떨어지는 날벼락이 하나 있습니다. 바로 지금 쓰고 있는 '머리말'입니다. 열 번째 출간하는 이 책도 마찬가지였습니다. 당최 뭘 써야 할지 고민이 됐습니다. 겨우 떠오른 내용도 구태의연하고 교만한 웅변거리뿐이었습니다. 그냥 이번 책에는 머리말을 쓰지 말자고 출판사에 우겨볼까 하는 생각도 들었습니다.

그렇게 고민하는데 갑자기 그리운 얼굴이 불쑥 떠올랐습니다. 30여 년 전, 개척교회를 담임할 때 만난 할머니입니다. 한 해의 결산을 마친 우리 교회는 일 년 동안 모은 구제비로 동네의 빈민들을 도왔습니다. 그때 할머니를 만났습니다. 열일곱에 시집와 아이를 못 낳고 소박맞은 할머니는 연립주택 구석방에 혼자 사셨고, 평생 한 번도 교회에 못 가봤다고 하셨습니다. 그 외로운 방을 우리가 찾자 무척 반가워하며 다음 주부터 예배에 나오셨습니다.

아픈 다리로 지팡이를 짚으셨지만 앞다퉈 섬기는 교인들의 손을 잡고 할머니는 열심히 3층 상가 계단을 오르셨습니다. 그렇게 반년이 지난 어느 날, 예배 후 식사 때 할머니가 아무것도 못 드셨습니다.

자꾸 위가 아프고 소화가 안 된다고 하셨습니다. 다음 날 할머니를 병원에 모셔 갔고, 여러 곡절 끝에 췌장암이 발견되었습니다.

온 교회는 할머니를 위해 기도하며 간병했습니다. 하지만 병세가 악화되어 중환자실로 가셨고, 황달로 온몸이 노래지자 결국 의식을 잃으셨습니다. 저는 의식 없는 할머니를 매일 찾아뵈었습니다. 그날도 습관처럼 할머니를 뵙고 교회로 돌아가는데 문득 이런 생각이 들었습니다. '할머니가 돌아가시면 천국에 가실까?'

갑자기 소름이 돋았습니다. 나름으로 열심히 섬기고 도왔지만, 할머니께 예수님을 정식으로 소개드린 적이 없었음을 깨달았기 때문입니다. 알 수 없는 힘에 이끌려 다시 병원으로 차를 돌렸습니다. 간절히 부탁하여 면회가 끝난 중환자실로 들어섰을 때 눈을 의심할 수밖에 없었습니다. 몇 주째 의식이 없으셨던 할머니가 말짱하게 침대에 앉아 계셨습니다.

너무 반가워서 달려가 할머니를 꼭 안았습니다. 할머니도 제 등을 두드리며 아주 좋아하셨습니다. 저는 쪼글쪼글한 손을 붙잡고 "할머니, 예수님을 아세요"라고 물었습니다. 이름만 들어봤지 잘 모른다고 하셨습니다. 저는 예수님의 탄생에서 십자가와 부활에 이르기까지 열심히 전했습니다. 놀랍게도 할머니는 눈을 반짝이며 제가 전하는 복음서 이야기를 들으셨습니다. 처음에 출입을 막았던 간호사도 저만치서 우리를 보며 미소를 짓던 기억이 납니다.

그렇게 영접 기도까지 마치고 할머니를 침대에 눕혀 드렸더니 곧 평온한 모습으로 잠이 드셨습니다. 다음 날 아침 면회시간에 찾아뵀을 때 할머니는 다시 무의식 상태이셨고, 그다음 날 천국으로 가셨습니다. 장례예배를 인도하고 화장한 뼈를 뿌리면서 저는 눈물 속에 감사를 드렸습니다. 할머니가 천국에 계신 것이 너무나 분명히 믿어졌기 때문입니다.

무엇보다 이 일로 주님께서 어린 저를 철들게 하심이 감사했습니다. 홍길동처럼 쌀자루를 지고 동네를 누비던 제게 목사가 더욱 집중해야 할 양식이 무엇인지 제대로 보게 하셨기 때문입니다. 그렇게 저는 성경에서 생명의 물을 퍼 올려 전하는 일을 생의 최우선 사명으로 놓고 매진하게 되었습니다.

이 길의 작은 땀들이 또 한 권의 책이 되어 나왔습니다. 구주 예수님께 감사를 드립니다. 또한 주님 안에서 부족한 자를 응원하시는 분들께도 감사드립니다. 이번 《그건 그런 뜻이 아니에요》 제2권도 그분들의 격려와 후원 덕에 완성할 수 있었습니다. 저의 삶이 다하기까지 '그그뜻' 시리즈가 지속되어 생명의 양식을 나누는 일에 소용되기를 소망합니다.

다시 성경으로, 오직 성경으로!

2025년 5월

오경준

## 차례

# 예수님은 왜 재림의 날을 모르셨을까?

오래전 일이다. 담임하던 교회 강단에서 담요를 깔고 백일철야를 드렸다. 마침내 백 일을 다 채운 날, 새벽예배를 마치고 엎드려서 기도하다 잠이 들었다. 그때 기이한 꿈을 꾸었다. 눈앞에 하늘이 열리고 천군천사를 거느린 예수님이 나타나셨다. 주님은 천둥 같은 소리로 이렇게 말씀하셨다. "경준아, 내가 2002년 4월 5일에 가리라." 잠에서 깬 후에도 그 음성이 귀에 쟁쟁했다. 그토록 생생하고 컬러풀한 꿈을 여태껏 꿔본 적이 없다.

문제는 그날이 2002년 3월 초순이었다. 이것이 하늘의 계시라면 재림까지 한 달도 채 남지 않았다. 그래서 나는 급히 성도들에게 연락하여 일상을 다 멈추고 교회로 모이라고 … 하였을까? 물론 아니다. 집에 온 나는 아내에게 헛꿈을 꿨다고 말했을 뿐이다. 왜 그 귀한 꿈을 헛되다고 여겼을까? 이유는 간단하다. 성경에 이런 구절이 나오기 때문이다.

> 그날과 그때는 아무도 모르나니 하늘의 천사들도, 아들도 모르고 오직 아버지만 아시느니라(마 24:36).

때와 시기는 아버지께서 자기의 권한에 두셨으니 너희가 알 바 아니요(행 1:7).

예수님은 재림의 때와 시기를 "너희가 알 바 아니요"라고 단언하셨다. 하늘의 천사도 심지어 하나님과 동등하신 본인도 모른다고 하셨다. 그런데 어찌 일개 인간이 그날을 알 수 있겠는가? 신비한 꿈이 아니라 더한 것을 봤다 해도 성경이 아니라고 하면 아니다. 만약 그때 철없이 날뛰었다면 아마 이단 목사로 낙인찍혔을 것이다. 이후 20년 넘게 흘렀지만 아직도 주님이 안 오셨으니 말이다. 우리 신앙의 기준은 '오직 성경'이다.

하지만 성경에는 의문스러운 부분들도 많다. 이럴 때는 질문을 던져야 한다. 기성세대가 교회 안의 질문들을 자주 묵살한 것은 잘못이다. 심지어 질문자를 마귀 취급하는 경우도 있다. 이로 인해 많은 사람들이 교회를 떠났다. 개중에는 성경을 들추며 나름 성실히(?) 답해 주는 이단에 빠져 버린 사람도 많다. 더 이상 교회는 무지한 독불장군이 되어서는 안 된다.

하나님은 성경을 인간의 글로 적어 주셨다. 정상적인 글은 논리를 통해 엮어진다. 글 읽기는 그 내용이 논리적이냐 아니냐를 지속적으로 묻는 과정이다. 성경도 마찬가지다. 질문을 통해서 행간을 파고들어야 본래의 참뜻에 다가갈 수 있다. 그렇게 발견한 바른 뜻이 바로 하나님의 음성이다. 기독교의 타락은 질문이 많아서가 아니라 성실하게 답을 찾으려는 노력의 결여 때문이다. 우리 개신교는 독선적인 중세교회에 성경적인 질문을 던짐으로써 시작되었음을 절대 잊어서는 안 된다.

위에서 언급한 예수님의 말씀도 질문 하나를 촉발한다. 본인께서 재림의 날을 모른다고 하신 것은 일단 그대로 받아들이는 것이 옳다. 문제는 왜 예수님이 그날을 모르시냐는 것이다. 이것은 당연한 의문이다. 예수님은 곧 하나님이시다. 인간으로 오셨기에 육체의 한계를 경험하셨지만 그분 속의 신성이 결핍된 상태는 결코 아니었다. 주님은 직접 이렇게 말씀하셨다.

> 내 아버지께서 모든 것을 내게 주셨으니(마 11:27).
>
> 나와 아버지는 하나이니라(요 10:30).
>
> 아버지께서 아들을 사랑하사 자기가 행하시는 것을 다 아들에게 보이시고 또 그보다 더 큰 일을 보이사 너희로 놀랍게 여기게 하시리라(요 5:20).

그럼에도 예수님이 재림의 날을 모른다고 하시면 이상한 공식이 성립된다. 아버지께 받으신 '모든 것'에 '마이너스 일'이 추가되고, 이것은 예수님의 신성에 어긋난다.

그래서 많은 답변들이 시도되었다. 혹자는, 인간 예수님은 모르셨지만 하나님으로서의 예수님은 아셨다고 말한다. 이 대답은 예수님을 두 분으로 만들어 버리는 오류를 범한다. 주님은 그 속에 신성과 인성이 분리될 수 없는 완전한 일체라는 것이 기독교의 신앙고백이다.

어떤 이는 마태복음 일부 사본에 "아들도 모르고"라는 구절이 없음을 지적한다. 이 지적은 한편 일리가 있다. 실제로 마태복음 사본들 중에 이 구절이 없는 경우도 있다. 하지만 좀 더 권위 있는 사본들에는 이 구절이 나온다. 무엇보다 먼저 써진 마가복음에 "아들도 모르고"(막 13:32)가 분명히 기록되어 있다. 따라서 사본상의 문제는 크게 중요하지 않다. 지금 우리와 같은 곤란한 질문이 당시에도 제기될까 염려하여 일부 사본이 일부러 이 부분을 뺀 것으로 보인다.

결국 예수님이 재림의 날을 모른다고 하신 것은 틀림없는 사실이다. 그렇다면 이 문제를 어떻게 풀어야 할까? 먼저 개역개정의 한글 번역이 원문과 차이가 난다는 점을 짚고 가야 한다. 개역개정에는 "오직 아버지만 아시느니라"고 나오지만, 원문을 직역하면 "아버지 외에는 … 아무도 알지 못한다"가 맞다. 즉 '아버지만 그날을 아신다'는 표현이 직접 나오지 않는다. 그 말이 그 말 같지만 그렇지 않다. 아버지만 그날을 아신다고 하면 날짜가 이미 정해졌다는 것이다. 그러면 문제가 더 곤란해진다. 이미 결정된 날인데도 예수님이 모르셨다면 성부가 이 중요한 날과 시를 성자에게 감추셨다는 말이 된다. 그러면 '정말 성부와 성자가 하나일까'라는 의문이 증폭된다.

이런 상황에서 또 다른 실마리 하나가 발견된다. "때와 시기는 아버지께서 자기의 **권한**에 두셨으니"(행 1:7)라는 표현이다. 이때의 '권한'은 원어로 '엑수시아'인데, '선택의 자유'라는 뜻이 있다. 실제로 성경에서도 이런 뜻으로 많이 사용되었다. 예를 들어 "나는 버릴 권세도 있고 다시 얻을 권세도 있으니"(요 10:18)라고 하셨을 때, 이 권세는 주님이 죽음과 부활을 마음대로 선택할 자유를 의미한다. 이때의 '권세'가 '엑수시아'이다.

또 하나 예를 들면, 베드로가 아나니아에게 "땅이 그대로 있을 때에는 네 땅이 아니며 판 후에도 네 마음대로 할 수가 없더냐"(행 5:4)라고 했을 때 '네 마음대로 하다'가 원문으로는 '너의 권한 안에(엔 테 세 엑수시아) 있다'이다. 이때의 '권한'도 역시 뭔가 선택할 자유를 뜻한다. 땅을 어떻게 처분할지 선택할 자유가 그에게 있었다는 말이다. 그런데 때와 시기를 "자기의 권한에 두셨으니"라는 말씀도 직역하면, 아버지가 '자기의 권한 안에'(엔 테 이디아 엑수시아) 두셨다'이다. 즉 동일한 구문 형태이다.

이상의 관찰에 의하면, '아버지께서 때와 시기를 자기의 권한에 두셨다'는 말씀은, 아버지께 그때와 시기를 선택할 자유가 있다는 뜻이다. 그러면 의문이 점점 벗겨진다. 재림의 날이 결정된 상태라면 예수님이 그날을 모르시는 건 무척 어색하다. 그날의 주인공이 바로 예수님이신데 말이다. 하지만 아버지께서 아직 결정하지 않으셨다고 하면 상황이 달라진다. 그러면 아들도 당연히 모르실 것이다.

이런 시각으로 성경을 보면 중요한 구절이 나타난다. 베드로는 종말이 더디다고 조롱하는 자들에게 이렇게 일갈한다.

> 주의 약속은 어떤 이들이 더디다고 생각하는 것같이 더딘 것이 아니라 오직 주께서는 너희를 대하여 오래 참으사 아무도 멸망하지 아니하고 다 회개하기에 이르기를 원하시느니라(벧후 3:9).

이 말씀에 따르면, 하나님은 지금 종말을 지연시키시는 중이다. 재림은 분명히 임하지만 그 날과 시는 아직 결정되지 않았다. 한 사람이라도 더 회개하고 구원받기를 하나님이 원하시기 때문이다. 그래서 등장한 '하나님의 오래 참으심'은 성경이 힘주어 가르치는 주제이다.

요나의 때에 니느웨성은 40일 뒤에 무너지기로 이미 결정되었다. 하지만 그들이 회개하자 하나님은 "뜻을 돌이키사 그들에게 내리리라고 말씀하신 재앙을 내리지 아니"하셨다(욘 3:10). 하나님의 이런 심정이 현재도 진행형인 것이다. 인류의 죄악을 보면 당장 심판하고 싶으시나 한 사람이라도 더 구원받도록 때를 미루시는 중이다. "그분은 은혜롭고 긍휼히 여기시며, 노하기를 더디 하시고 인애가 많으시며, 재앙을 인하여 안타까워하실 것"(욜 2:13, 바른성경)이기 때문이다.

이런 하나님의 인자하신 성품이 신약의, "주께서는 너희를 대하여 오래 참으사"에 그대로 반영되었다. '오래 참다'는 원어로 '마크로뛰메오'이다. 이 단어는 '마크로스'와 '뛰모스'라는 단어의 합성이다. '마크로스'는 신약에 네 번 나오는데, 모두 '멀다' 혹은 '길다'의 의미로 쓰였다. '뛰모스'는 18번 나오며 모두 '진노'나 '분노'의 뜻으로 사용되었다. 따라서 '오래 참으신다'의 의미는 '분노로부터 마음을 멀리 두신다'는 뜻이다. 이렇게 분노를 참으시는 것은 인간을 사랑하시기 때문이다. 그래서 바울은 진실한 사랑을 논할 때 "사랑은 오래 참고"(고전 13:4)로 시작하였다. 이때의 '오래 참다'도 역시 '마크로뛰메오'이다.

다윗 역시 동일한 고백을 드렸다. "여호와는 긍휼이 많으시고 은혜로우시며 노하기를 더디 하시고 인자하심이 풍부하시도다"(시

103:8). 하나님은 인자하셔서 노하기를 더디 하신다. 회개하지 않는 자들도 불쌍히 보시기 때문이다. 그래서 심판의 날은 아직 결정되지 않았다. 그렇다면 이제 예수님의 말씀이 이해가 간다. 성자께서 그 날을 모르시는 것은 당연한 일이다. 사랑의 하나님이 아직 그날을 결정하지 않으셨기, 아니 못하셨기 때문이다.

하지만 성경은 그날이 반드시 임할 것도 역시 강조한다. 예수님은 그날을 모른다고 하셨지만 곧 이렇게 경고하셨다.

> 노아의 때와 같이 인자의 임함도 그러하리라 … 사람들이 먹고 마시고 장가들고 시집가고 있으면서 홍수가 나서 그들을 다 멸하기까지 깨닫지 못하였으니 인자의 임함도 이와 같으리라 … 그러므로 깨어 있으라 어느 날에 너희 주가 임할는지 너희가 알지 못함이니라(마 24:37-42).

예수님의 제자인 베드로도 하나님이 지금 오래 참고 계시다고 말했지만, 곧이어 "그러나 주의 날이 도둑같이 오리니 그날에는 하늘이 큰 소리로 떠나가고 … 모든 일이 드러나리로다"(벧후 3:10)라고 외쳤다. 이러한 성경의 증언들에 따르면, 지금 우리의 삶은 하나님이 참으시는 가운데 허락된 소중한 유예 기간이다. 영어식으로 '프레젠트(현재)가 프레젠트(선물)인 것'이다. 그래서 베드로는 다시 이렇게 권면한다.

> 이 모든 것이 이렇게 풀어지리니 너희가 어떠한 사람이 되어야 마

> 땅하냐 거룩한 행실과 경건함으로 하나님의 날이 임하기를 바라보고 간절히 사모하라(벧후 3:11-12).

지금 우리의 하루하루는 어떻게 사용되는 중인가? 진정 그날을 사모하며 주님의 말씀대로 사는가? 예수님 뵙기를 원하여 '주여, 오시옵소서'(마라나타)의 신앙으로 사는가? 혹시 땅에서 누릴 것 다 누리고 죽어서도 천국 가야지 하는 마음으로 살지 않는가? 그런 자는 주님의 날이 속히 오기를 바라지 않을 것이다. 하지만 고난과 절망 속에도 믿음을 지키며 사는 성도는 간절히 그날을 바란다. 인자하신 하나님의 칭찬이 그들을 기다리기 때문이다.

여기까지 읽으시고, 하나님이 재림의 날을 결정하지 않으셨다는 개념이 불편한 분도 있을 것이다. 하나님은 전지전능하신 분이요, 하루가 천 년 같고 천 년이 하루 같으셔서 시공을 초월하신 분인데 말이다. 하지만 인간이 신의 초월을 잘못 이해하면 위험한 결과를 초래하기 쉽다. 이에 대한 이야기는 다음 장에서 이어 가 보겠다.

# 하루가 천 년 같고 천 년이 하루 같다?

베드로전서는 이렇게 말한다. "주께는 하루가 천 년 같고 천 년이 하루 같다"(벧후 3:8). 이 유명한 구절은 시간을 초월하신 하나님에 대한 설명으로 자주 이해된다. 하나님이 시간을 초월하신 것은 당연하다. 시간이란 개념 자체가 하나님에 의해 만들어졌다. 창조 넷째 날에 "하늘의 궁창에 광명체들이 있어 … 낮과 밤을 나뉘게 하고 그것들로 징조와 계절과 날과 해를 이루게 하라"(창 1:14, '해'는 '년' 즉 'year')고 명령하셨다. 이처럼 시간 개념을 만드신 하나님은 당연히 시간 밖에 존재하는 영원자이시다.

하지만 이 '하루 천 년, 천 년 하루' 구절은 하나님의 초월성에 대한 말씀이 아니다. 앞뒤의 흐름을 파악하면 대번에 알 수 있다. 이 이야기의 시작은 베드로가 어떤 악한 이들을 지적하면서부터다. 그 흐름은 다음과 같다.

> 말세에 조롱하는 자들이 와서 … 주께서 강림하신다는 약속이 어디 있느냐 … 만물이 처음 창조될 때와 같이 그냥 있다 하니(벧후 3:3-4). 그러나 지금 하늘과 땅은 동일한 말씀에 의해 **간직**되었고, 불경건한

> 자들의 불에 의한 심판과 멸망의 날까지 **보존**시켜 두신 것이라(벧후 3:7, 저자 사역).
>
> 주께는 하루가 천 년 같고 천 년이 하루 같다는 이 한 가지를 잊지 말라(벧후 3:8).
>
> 주의 약속은 어떤 이들이 더디다고 생각하는 것같이 더딘 것이 아니라 오직 주께서는 너희를 대하여 오래 참으사 아무도 멸망하지 아니하고 다 회개하기에 이르기를 원하시느니라(벧후 3:9).

조롱하는 이들은 지금, '과거 현재 미래'라는 시간의 직선 위에 서 있다. 과거가 이렇게 많이 지나갔어도 미래의 멸망이 안 왔으니까 현재는 항상 안전할 것이라는 주장이다. 그런데 하나님도 동일한 틀에서 대답하신다. 과거가 이렇게 쌓여도 미래의 심판이 오지 않은 것은 현재의 너희가 회개하기를 원하시기 때문이라고. 그러니까 조롱하는 자도 하나님도 현재에 함께 속해 있다. 다른 것이 있다면, 그들은 '현재'가 유지되어서 안심하지만 하나님은 그들이 회개하기를 바라시며 '현재'를 참고 계신다.

따라서 하나님의 이 '오래 참으심' 직전에 언급된 '하루 천 년, 천 년 하루'의 구절은 하나님의 초월성에 대한 것이 될 수 없다. 만약 이 구절이 초월자 하나님께서 과거, 현재, 미래를 한꺼번에 다 보신다는 의미라면, 하나님이 지금 "너희를 대하여 오래 참으사"가 방향을 잃는다. 현재와 미래가 동시적인데 어떻게 현재를 참으시는가? 현재를 참고 계시다는 것은 시간의 연장을 의미한다. 얼마나 시간이 연장되느냐에 따라 미래는 달라진다.

따라서 미래가 아직 결정되지 않았다고 해야만 이 '오래 참으심'이 효력을 가진다. 결국 이 모두는 하나님께 현재와 미래가 동시적이지 않음을 보여 준다. 하나님은 지금, 현재에 계시면서 현재의 우리와 대화하는 중이시다. 이런 상황에다 하나님의 초월을 함부로 적용하면 이상한 이론만 난무하게 된다. 그 뒤로 이어지는 의미심장한 말씀이 이를 확증한다.

> 우리 주의 오래 참으심이 구원이 될 줄로 여기라(벧후 3:15).

'오래 참으시는 주님'은 현재에 계시는 하나님이다. 이 '현재를 참으시는 하나님'을 현재에서 만나야 구원을 받는다. 이 속에는 인간이 함부로 초월을 논하지 말라는 뜻도 들어 있다. 하나님 본인께서 시간의 초월자로 인간 앞에 서시기를 원하지 않으신다. 그래서 베드로는 계속 이렇게 경고한다.

> 또 우리 **주의 오래 참으심**이 구원이 될 줄로 여기라 우리가 사랑하는 형제 바울도 그 받은 지혜대로 너희에게 **이같이** 썼고 … **이런 일**에 관하여 말하였으되 그중에 알기 어려운 것이 더러 있으니 무식한 자들과 굳세지 못한 자들이 다른 성경과 같이 그것도 **억지로 풀다**가 스스로 멸망에 이르느니라(벧후 3:15-16).

바울이 베드로와 똑같이 "이같이" 쓰고 말했다는 "이런 일"은 과연 뭘까? 바로 앞에 나오는 "우리 주의 오래 참으심이 구원이 될 줄로 여기라"는 것이다. 대체 언제 바울이 이런 말을 했을까? 그의 편지를 살펴보면 발견할 수 있다. 다음 구절을 보자.

> 혹 네가 하나님의 인자하심이 너를 인도하여 **회개하게 하심**을 알지 못하여 그의 인자하심과 용납하심과 **길이 참으심**이 풍성함을 멸시하느냐(롬 2:4).

베드로의 말처럼 바울도 하나님이 지금 길이 참으시며 우리의 회개를 기다리신다고 말했다. 동시에 이처럼 귀중한 하나님의 인내를 멸시하는 자들이 있다고 지적한다. 베드로와 똑같은 메시지다.

이와 같이 성경은 철저히 인간의 시간 개념 안에서 인간과 동행하시는 하나님을 가르친다. 그 속에서 하나님은 참고 기대하시며 미래를 유보하고 계시다. 이런 스토리 중에 등장하는 '하루가 천 년 같고 천 년이 하루 같다'는 표현은 시공을 초월하신 하나님을 가리키는 말이 될 수 없다. 오히려 하나님이 어떤 심정으로 현재를 참고 계신지에 대한 설명이 된다. 이것을 잘 설명한 설교가 있어서 아래에 요약 인용한다.

> 누군가 하나님을 향해 '오늘 하루도 이렇게 많은 죄가 자행되는데 왜 종말을 시행하지 않으시는가'라고 묻는다면, '나는 이 하루를 천 년같이 길고 소중하게 여기며 회개할 자들을 찾고 있다'라고 말씀하실 것입니다. 동시에 '2천 년도 넘었는데 왜 아직 종말이 오지 않습니까'라고 묻는다면, '나는 2천 년을 이틀밖에 안 지난 것처럼 여

기면서 회개할 자들을 찾고 있다'라고 말씀하실 것입니다. 이와 같이 주님은 지금 인내하시며 인간이 회개하기를 간절히 바라고 계십니다.

매우 오래전이라 아쉽게도 설교자의 이름은 잊었지만 본문의 핵심을 정확히 꿰뚫은 해석이다. 인간은 지나간 과거와 오지 않은 미래 사이에 존재한다. 하나님도 마찬가지로 동일한 시간 위에 함께서 계신다. 미래의 결정권이 있음에도 이를 미루고 현재에 속하신다. 그래서 종말의 날은 아직 결정되지 않았다. 초월자이시지만 유한한 우리를 위해 직접 택하신 존재방식이다. 따라서 '하나님은 하루가 천 년 같고 천 년이 하루 같으시므로 모든 것이 다 결정되었다'는 주장은 베드로의 말처럼 '무식하여 성경을 억지로 푸는 꼴'이 되고 만다.

여기서 우리는 성경을 대하는 중요한 자세 하나를 깨닫는다. 성경은 하나님의 신비를 말하지만 거기에 초점을 둔 책이 아니다. 인간은 하나님의 초월성과 전지전능을 성경을 통해 다 이해하고 설명할 수 없다. 혹자는 신성모독이라 할지 몰라도 실상은 그와 반대다. 하나님의 신비는 너무 커서 인간의 이성을 벗어난다. 누군가 신의 능력과 권능을 아무리 설명해도 하나님은 언제나 그 이상이시다.

따라서 기독교가 함부로 하나님의 크고 위대하심을 논하는 것은 역효과를 내기 쉽다. 오히려 신의 위상을 축소시킬 수 있다는 말이다. 뉴턴식으로 말하면 아이가 바닷가에서 주운 작은 조개껍질로 대양을 논하는 것과 같다. 꼬마의 설명이 아무리 정교해도 실상은 참

바다의 모습을 가릴 뿐이다. 신은 무한하고 영원하시다는 말밖에 달리 설명할 방법도, 설명할 필요도 없다. 무한과 영원은 인간의 영역 밖이다. 칸트식으로 하면 이성이 닿을 수 없는 인식 세계의 바깥이요, 비트겐슈타인식으로 하면 말할 수 없는 것에 대해서는 침묵하는 것이 옳다.

성경의 핵심은 하나님의 신비한 능력에 있지 않다. 예수님도 기적을 행하신 후 이를 자주 감추려 하셨다(마 8:4, 9:30; 막 7:36 등). 기독교가 신비를 지나치게 강조하면 세상의 잡신들과 경쟁 구도가 생긴다. 이전의 우상 종교들과 그러했고, 현대에는 과학이라는 우상이 신과 대립한다. 마치 모세가 지팡이로 뱀을 만들었을 때 이집트 술사들도 이를 흉내 내어 바로의 눈을 가린 것처럼 말이다. 그러면 신의 본질이 오히려 축소된다.

하나님은 내가 높여 줘서 위대하신 분이 아니다. 그저 홀로 무한 광대하시다. 이것은 성경의 첫 구절인 "태초에 하나님이 천지를 창조하시니라"(창 1:1)에 이미 선언된 전제요 공리이다. 이 공리는 결론이 아니라 뒤에 나올 진짜 보물의 가치를 증명하는 도구일 뿐이다. 그렇다면 진짜 보물은 무엇인가? 그토록 무한하고 영원하신 하나님이 인간을 위해 자신을 낮추고 제한하셨다는 것이다! 이것이 기독교의 핵심이다.

신의 낮추심은 창조 때 이미 시작되었다. 육체로 창조된 인간은 시공의 굴레를 가진다. 아담과 하와도 예외가 아니다. 따라서 하나님이 인간과 관계를 맺으려면 자신을 제한하실 수밖에 없다. 인간 스스로 영원이 될 수는 없기 때문이다. 그래서 하나님은 에덴동산의 인간을 위해 그 "동산에 거니시는 여호와 하나님"(창 3:8)이 되셨다. 인간이 속한 시공간으로 들어오신 것이다. 이 영원과의 관계 속에서 인간은 영원을 보장받았다. 따라서 당시에는 시간이 별 의미가 없었다. 영원한 행복을 느끼는 과정일 뿐 멈춘 것이나 다름없었다.

하지만 이 관계를 인간 스스로 파괴했다. 그 순간 시간의 본질이 바뀌었다. 행복과 영원은 고통과 파멸로 변했다. "네가 흙으로 돌아갈 때까지 얼굴에 땀을 흘려야 먹을 것을 먹으리니 … 너는 흙이니 흙으로 돌아갈 것이니라"(창 3:19)는 말씀이 이를 잘 보여 준다. 결국 인간은 저주받은 시간을 살게 된 것이다. '과거, 현재, 미래'라는 칼날 위를 기다가 죽음에 이를 운명이 되었다. 누구도 이 시간의 저주를 벗어날 자는 없다.

물론 최근 들어 이 개념을 깨뜨리는 소식이 왕왕 들린다. 아인슈타인에 의해 시간의 독자성이 무너지고 양자역학이 발달하면서 '시간은 존재하지 않는다' 같은 의견이 주목받고 있다. 이걸 설명하는 책과 강의도 곳곳에 난무한다. 하지만 과연 주장하는 자도 다 알고 하는 소리일까 하는 의문이 든다. 더 중요한 것은 이걸 다 이해했다 해도 '그래서 어쩌라고'다. 시간이 환상이라고 아무리 주장해도 정작 이 땅에서 시간을 초월하여 살 사람은 없다(우주가 시뮬레이션이라는 주장도 마찬가지다). 무아의 경지에 도달한 부처님도 팔십 세에 상한 고기를 드시고 식중독을 앓다가 죽었다. 시간의 굴레는 여전히 굴레여서 아무도 벗어날 자가 없다.

물론 이 분야가 더 발달해서 앞으로 타임머신이 개발되고 시간이 의미 없어질 날을 기대하는 사람도 있을 것이다. 개인적인 발언이지만, 그런 날은 결코 오지 않는다. 중력이 커지면 시간이 느려진다는 것을 알고, 블랙홀의 시간 왜곡까지 다 파악해도 결국 자기보다 늙어 병실에 누운 딸과 조우하는 인터스텔라의 서글픔을 피할 수는 없다. 신의 영역에 침범할 만큼 과학이 발전해도 그 지식으로 시간의 저주를 깨뜨릴 수는 없다. 인간이 영생 나무에 접근하는 순간 종말의 화염검이 가동될 것이다.

다시 강조하지만 하나님은 모든 인간이 시간의 굴레 속에 살다가 소멸하도록 지정하셨다. 과거, 현재, 미래의 개념이 아무리 착각이라 해도 인간은 이 흐름 속에 존재할 수밖에 없다. 그래서 노아의 홍수 후에 하나님은 이렇게 말씀하신 것이다.

> 땅이 있을 동안에는 심음과 거둠과 추위와 더위와 여름과 겨울과 낮과 밤이 쉬지 아니하리라(창 8:22).

그런데 이 시공간의 저주 속에 놀라운 일이 일어났다. 영원하신 하나님이 이 세계로 들어오신 것이다. 창조주이셨던 "말씀[로고스 하나님]이 육신이 되어 우리 가운데 거하시매"(요 1:14), 이는 "그를 믿는 자마다 멸망하지 않고 영생을 얻게 하려 하심"(요 3:16)이었다. 이로써 인간은 시간의 굴레를 벗어나 영원에 이를 기회를 얻게 되었다. 이 은혜를 주시려고 하나님은 스스로 시간의 저주에 속박되셨고, 육체의 파멸을 대면하시고 그 죽음을 이기셨다. 이러한 신의 낮아지심이 복음의 비밀이고 핵심이다. 이 비밀을 성경은 이렇게 묘사한다.

> 그는 근본 하나님의 본체시나 … 오히려 자기를 비워 종의 형체를 가지사 사람들과 같이 되셨고 사람의 모양으로 나타나사 자기를 낮추시고 죽기까지 복종하셨으니 곧 십자가에 죽으심이라(빌 2:6-8).

이처럼 하나님은 인간의 차원에서 우리와 관계를 맺으신다. 창조 후에 에덴동산을 거니시며 아담과 한 공간에 계셨고(창 2:19, 3:8 등 참조), 타락 후에는 아예 인간이 되어 이 땅에 내려오셨다. 이러한 낮아지심은 인간의 눈높이를 철저히 수용하시려는 사랑과 배려이다. 그래서 인간과 말씀하실 때 신은 초월과 영원의 차원을 되도록 도입하지 않으신다. 인간이 최대한 이해하도록 말씀하고 행동하신다.

이 배려에는 시간의 굴레도 포함된다. 인간은 과거, 현재, 미래의 틀을 벗어난 시간 이해가 불가능하다. 그래서 하나님도 이 틀에서 말씀하고 행동하신다. 하나님은 초월의 영역에 높이 앉아 굴종과 제물을 요구하시는 분이 아니다. 구약에서 하나님은 이스라엘과 함께 슬퍼하고 기뻐하며, 질투하고 즐거워하며 긴 역사를 만들어 가셨다. 신약의 하나님은 아예 인간이 되셔서 죄인들과 함께 먹고 마시며 동일한 삶을 나누셨다. 하나님 스스로 인간의 숙명인 시간의 굴레를 함께 지신 것이다.

따라서 이 영역을 벗어난 지식을 성경 해석에 함부로 적용하면 안 된다. 잘 알지도 못하는 영원과 전능을 함부로 적용하고 들이대면 이상한 이론만 나온다. 이중 예정이니 예지 예정이니 하면서 싸운다. 이런 논쟁들을 보시며 하나님은 욥에게처럼 우리에게 말씀하실 것이다. "무지한 말로 생각을 어둡게 하는 자가 누구냐"(욥 38:2). 따라서 우리는 신의 초월에 감히 도달할 수 없음을 깨달은 욥처럼 대답해야 한다. "나는 깨닫지도 못한 일을 말하였고 스스로 알 수도 없고 헤아리기도 어려운 일을 말하였나이다"(욥 42:3).

기독교는 신비를 자랑하며 다른 것과의 경쟁 속에 자부심 뿜뿜 하는 종교가 아니다. 그 어떤 종교나 철학이나 과학도 상상 못 할, 신의 낮아짐을 자랑하는 진리이다. 무한하고 영원하신 하나님이 "버러지 같은"(사 41:14) 우리를 이 모습 그대로 받아 주시려고 동일한 시공간 속에 들어오셨음에 감격하는 진리이다. 그렇게 이 땅에 놓인 영생의 길을 하나님과 동행하다 보면 마침내 "이 썩을 것이 썩지 아니함을 입고 이 죽을 것이 죽지 아니함을 입을 때"(고전 15:54)가 올 것이다. 그때 비로소 우리는 영원의 신비를 직접 보고 만지고 누리게 될 것이다.

# 피리를 불고 곡을 해도 세상이 꿈쩍을 안 한다고?

기독교인은 보이지 않는 것을 믿고 바란다. "보이는 소망이 소망이 아니니 보는 것을 누가 바라리요"(롬 8:24). 그러므로 믿음은 황당한 일이다. 세상의 호응이 없는 것도 당연하다. 하지만 십자가의 진리가 환영받던 시기도 있었다. 보이지 않는 소망을 위해 믿는 자들이 자신을 내려놓을 때다. 진심으로 보이지 않는 것에 몰두할수록 세상의 호기심이 더 커졌다는 말이다.

슬프게도 지금은 세상이 교회에 귀를 닫고 비웃는다. 자기도 잘 안 믿는 걸 자꾸만 믿으라고 강요하기 때문이다. 그러므로 안에서부터 원인을 찾아야 한다. 하지만 자꾸 거꾸로 가려는 경향이 있다. 내 탓보다 세상 탓을 먼저 하고 싶어 한다. 그럴 때 자주 인용하는 예수님의 말씀이 있다. 일명 '장터의 아이들' 비유이다.

> 이 세대를 무엇으로 비유할까 비유하건대 아이들이 장터에 앉아 제 동무를 불러 이르되 우리가 너희를 향하여 피리를 불어도 너희가 춤추지 않고 우리가 슬피 울어도 너희가 가슴을 치지 아니하였다 함과 같도다(마 11:16-17).

이 비유는 자주 이렇게 해석된다. '피리를 부는 **우리**는 예수님과 교회이고 그 소리에 춤추지 않는 **너희**는 세상이다. 아무리 우리가 진리를 외쳐도 완악한 세상은 귀를 막고 듣지 않는다.' 이런 해석은 가끔 지나쳐서 교회 안에도 적용된다. 설교자가 아무리 외쳐도 성도들이 잘 듣지 않는다고 야단칠 때 말이다. 심지어 이단들도 이 비유를 인용하여 세상이 자신들을 몰라준다고 말한다.

하지만 이 모두는 서글픈 오해이다. 비유의 뜻은 사실 정반대다. 일단 두 가지 선입견부터 짚고 가자. 피리를 불고 슬피 우는 주체가 "아이들"(마 11:16)이고, 이들이 "우리"(마 11:17)로 등장하면서 생긴 선입견이다. 이 두 표현은 독자를 쉽게 동화시킨다. 순진한 '아이들'이 곧 '우리' 편이라는 느낌으로 다가온다. 하지만 자세히 보면 아이들의 행동에 춤추지 않는 자도 '아이들'(제 동무)이며, '우리'는 아이들의 입에서 나온 대사일 뿐이다.

본래 이 비유는 "이 세대를 무엇으로 비유할까"에서 시작되었다. 그러니까 비유의 대상이 이 '세대', 즉 예수님 당시의 사람들이었다. 주님이 그들을 향해 입을 여신 목적은 칭찬이 아니라 비판이다. 이것은 예수님이 마태복음에서 항상 이 '세대'를 질책하신 데서 우선 확인할 수 있다. 그중 몇 가지를 보면 다음과 같다.

> 예수께서 대답하여 이르시되 악하고 음란한 **세대**가 표적을 구하나 선지자 요나의 표적 밖에는 보일 표적이 없느니라(마 12:39).
>
> 이에 가서 저보다 더 악한 귀신 일곱을 데리고 들어가서 거하니 그 사람의 나중 형편이 전보다 더욱 심하게 되느니라 이 악한 **세대**가

또한 이렇게 되리라(마 12:45).

예수께서 대답하여 이르시되 믿음이 없고 패역한 **세대**여 내가 얼마나 너희와 함께 있으며 얼마나 너희에게 참으리요(마 17:17).

마태복음에서 예수님은 이 '세대'에게 호의적이신 적이 없다. 이런 모습은 '장터의 아이들' 비유에도 그대로 적용된다. 그렇다면 비유 속에서 누가 이 '세대'를 상징할까? 피리를 부는 '아이들'일까, 춤추지 않는 '동무들'일까? 일반적으로 춤추지 않는 동무를 이 '세대'로 보고 그들이 진리에 귀를 막고 있다고 주장한다.

하지만 문장을 통째로 보아야 한다. 원문과 어순이 다른 개역개정은 오해를 일으키므로 헬라어에서 직접 번역해 보겠다.

**이 세대**를 내가 무엇으로 비유할까? 제 동무를 불러서 말하기를 "…"라고 말하는 **장터에 앉은 아이들과 같다**(마 11:16-17, 저자 사역).

여기서 드러나듯이 예수님이 말씀하신 "이 세대"는 곧 "장터에 앉은 아이들"을 가리킨다. 따라서 이 아이들의 말과 행동이 곧 이 세대의 행태이다. 악역으로 오해되는 '동무'들은 사실 아이들의 불평에만 나올 뿐 주체적인 모습을 보이지 않는다. 아직 감이 안 오시면 더 확실한 증거를 살펴보자. 예수님은 이 비유를 하신 후에 친히 해석도 달아 주셨다.

요한이 와서 먹지도 않고 마시지도 아니하매 **그들**이 말하기를 귀신 들렸다 하더니 인자는 와서 먹고 마시매 말하기를 보라 먹기를 탐하고 포도주를 즐기는 사람이요 세리와 죄인의 친구로다 하니(마 11:18-19).

여기에 등장하는 '그들'은 누구인가? '세례요한과 예수님'을 비판하는 자들(바리새인)로서 비유의 악역담당이다. 즉 '그들'이 곧 이 '세대'다. 만약 '그들'이 춤추지 않고 곡하지 않는 '동무'들이라면, 비유와 해석의 박자가 무너진다. 비유에서 '동무들'은 비판자가 아니라 비판받는 쪽이기 때문이다. 따라서 현실에서 비판하는 '그들'은 비유 속에서 비판하는 '아이들'이고, 현실에서 비판받는 '세례요한과 예수님'은 비유 속에서 비판받는 '동무'들이어야 한다. 그래야 비유와 해석이 균형을 이룬다. 이것을 표로 나타내면 다음과 같다.

| | 비유 | 현실 |
|---|---|---|
| 비판자 | 피리 부는 아이들 | 그들(바리새인) |
| 비판받는 자 | 춤추지 않는 동무들 | 세례요한과 예수님 |

실제로 예수님과 세례요한은 먹는 문제로 많은 비판을 받으셨다. "메뚜기와 석청"(마 3:4)만 먹던 요한은 '잘 안 먹는다'고, 죄인들과 식사를 자주 하셨던 예수님은 '잘 먹는다'(마 9:10-11)고 바리새인들은 욕을 했다. 말 그대로 비난을 위한 비난이었다. 자신들의 방식을 따라야 한다고 주장하면서 그 방식마저 자기 멋대로 변경했다. 비판의 목적이 진리를 세우려는 게 아니라 타인을 내 발아래 두는 것이

었기 때문이다.

예수님은 지금 그 변덕스러운 비판자들의 오류를 지적하고 계시다. 그들의 행태는 곧 '춤춰라, 곡해라' 하면서 동무들을 압박하는 장터의 아이들과 같다. 입맛에 맞는 결과를 얻으려고, 피리를 불었다 슬피 울었다를 반복하는 모습은, 안 먹는 사람은 안 먹는다고 먹는 사람은 먹는다고 비판하는 바리새인들과 판박이다.

하지만 예수님도 요한도 이런 세상에 휘둘리지 않고 꿋꿋이 의로운 길을 걸으셨다. 그 길을 훼방하려고 세상이 아무리 피리를 불고 곡을 해도 흔들리지 않으셨다. 이것이 바로 비유 속에 나오는 동무들의 모습이다. 장터의 아이들이 아무리 선동하고 변덕을 부려도 태도를 바꾸지 않는 의연한 모습, 이 자세를 우리가 배워야 할 것이다. 이런 동무들의 의연함에 장터의 아이들은 화를 내고 있다. 당시 바리새인들도 예수님의 의연하심에 분개하여 십자가에 못 박아 죽였다. 하지만 그 죽음이 바로 승리라는 것을 예수님은 부활로써 증명하셨다.

결국 '장터의 아이들' 비유는 세상이 뭐라 해도 진리를 따르는 태도가 변해서는 안 된다는 가르침이다. 우리는 세상의 반응에 일희일비하는 경향이 있다. 곳곳에서 전도의 문이 막혔다, 교회가 텅 비어간다고 걱정이다. 하지만 너무 요란 떨 것은 없다. 보이는 현상에 요동하지 말고 차분히 우리 속부터 바라보자. 그리고 흔들리지 않는 신앙으로 먼저 내실을 다지자. 우리 속에 진리를 향한 의연함이 있다면 그걸로 됐다.

어차피 세상은 늘 출렁대고 사탄의 목적은 인간을 흔들어서 멸망시키는 것이다. 이걸 위해 때로 피리소리를, 때로 곡소리를 우리 앞에 던진다. 하지만 죄에 대하여 죽은 우리는 여기에 반응하지 않는다. 바울은 이렇게 말한다. "세상이 나를 대하여 십자가에 못 박히고 나가 또한 세상을 대하여 그러하니라"(갈 6:14). 세상과 신자는 서로를 향해 죽은 상태이다. 죽은 자의 말에 귀 기울일 필요가 없고, 이미 죽은 자 역시 거기 대답할 필요가 없다. 반석같이 의연한 자세로 오롯이 예수님의 길을 따르면 마침내 보이지 않는 소망이 이뤄질 것이다.

세상 풍조는 나날이 변하여도 나는 내 믿음 지키리니
인생 살다가 죽음이 꿈같으나 오직 내 꿈은 참되리라
나의 놀라운 꿈 정녕 나 믿기는 장차 큰 은혜 받을 표니
나의 놀라운 꿈 정녕 이루어져 주님 얼굴을 뵈오리라
(새찬송가 490장 3절)

# 열 처녀 비유의 기름은 성령일까?

마태복음에 있는 열 처녀 비유는 신자들에게 익숙한 본문이다. 비유의 핵심도 어렵지 않다. 우리는 미련한 다섯 처녀가 아니라 슬기 있는 다섯 처녀가 되어야 한다. 하지만 이 본문은 자주 논란을 일으킨다. 미련한 것이 무엇이고 슬기로운 것이 무엇인지가 분명하지 않아서다.

이것을 밝히려면 우선 미련한 다섯 처녀와 슬기로운 다섯 처녀를 비교해 보아야 한다. 일단 두 그룹은 거의 일치하는 모습을 보여 준다. 둘 다 등불을 가졌고, 신랑을 기다렸고, 심지어 앉아서 조는 모습도 똑같다. 차이는 결국 하나다.

> 미련한 자들은 등을 가지되 **기름**을 가지지 아니하고 … 등불이 꺼져 가니(마 25:3, 8).
>
> 슬기 있는 자들은 그릇에 **기름**을 담아 등과 함께 가져갔더니(마 25:4).

즉 '기름'이 있느냐 없느냐가 핵심이다(엄밀히 말하면 예비용 기름). 따라서 기름의 정체에 집중하는 것은 당연하다. 그렇다면 비유 속의 기름은 무엇일까? 이것은 헬라어로 '엘라이온'인데 올리브유(감람유)를 가리킨다. 마태복음에서는 이 비유에만 딱 세 번 등장하고 신약 전체에는 총 11번 나온다.

'엘라이온'을 탐구하기 전에 먼저 짚고 갈 것이 있다. 이 '기름'을 별다른 해명 없이 '성령'으로 규정하고 넘어가는 행태다. 상당수의 신자들도 이를 의심 없이 받아들인다. 언제부턴가 성령과 기름을 한 쌍으로 보는 분위기가 교회 안에 완연하기 때문이다.

하지만 성경에는 '성령'과 '엘라이온'이 직접 연관된 구절은 전혀 없다. 이런 선입견이 등장하게 된 것은 아래의 두 구절 때문이다.

> 주의 **성령**이 내게 임하셨으니 이는 가난한 자에게 복음을 전하게 하시려고 내게 **기름을 부으시고**(눅 4:18).
> 하나님이 나사렛 예수에게 **성령**과 능력을 **기름 붓듯** 하셨으매(행 10:38).

이 말씀들을 우리는 '성령'과 '기름'이 밀접한 관계인 것처럼 읽게 된다. 하지만 사실 이 속에도 진짜 '기름'(엘라이온)은 등장하지 않는다. 심지어 '누가복음 4장 18절'이 인용한 구약의 '이사야 61장 1절'에도 진짜 '기름'은 나오지 않는다. 구약의 올리브유는 히브리어로 '셰멘'인데 제사장이나 왕 등을 구별하여 세울 때 사용되었다. 하지만 이 구절에도 '셰멘'은 없다.

그럼 여기 이렇게 분명히 쓰여 있는 "기름을 부으시고"와 "기름 붓듯" 하셨다는 대체 뭔가? 이것은 구약 본문(사 61:1)에서는 히브리어 '마샤흐'를, 신약 본문(눅 4:18)에서는 헬라어 '크리오'를 우리말식으로 번역한 것이다.

이들의 일차적인 의미는 '기름 붓다'가 맞다. 하지만 진짜 속뜻은 '거룩하게 구별하였다' 혹은 '특별히 선택하였다'는 뜻이다. 따라서 위의 구절들에 나오는 "내게 기름을 부으시고"는 '나를 거룩하게 구별하시고'의 뜻이고, "성령과 능력을 기름 붓듯 하셨다" 역시 '성령과 능력을 주셔서 거룩하게 구별하였다'는 의미이다.

이것은 구약의 '마샤흐'가 '메시아'의 어원이고, 신약의 '크리오'가 '그리스도'의 어원이 된 것에서 확인할 수 있다. '메시아'와 '그리스도'는 같은 뜻으로 하나님께 '특별히 선택된 자'를 의미한다. 구약의 칠십인역도 '메시아'를 대부분 '그리스도'로 번역하였다.

물론 이 말의 먼 배경에는 '기름을 붓는 예식'이 들어 있긴 하다. 하지만 실제로 기름을 머리에 붓는 일과는 이미 멀어진 말이다. 예를 들면 "분위기에 초를 친다"라고 했을 때 진짜 식초가 뿌려지는 장면을 떠올리는 사람은 거의 없는 것과 마찬가지다.

무엇보다 진짜 메시아요 그리스도이신 예수님의 머리에 한 번도 올리브유가 부어진 적이 없었음을 기억해야 한다. 혹자는 주님의 발에 향유가 부어진 사건을 떠올릴지 모른다. 이때의 '향유'는 '엘라이온'이 아니라 '뮈론'(영어성경은 perfume, ointment 등으로 번역함)이고, '붓다' 역시 '크리오'가 아니라 '알레이포'이다. 신약에 아홉 번 나오는 '알레이포'도 '기름을 붓다'로 번역될 때가 있지만(마 6:17; 막 6:13 등) 반드시 '기름'만 붓는 것은 아니다. 방금 본 '향유'(뮈론)나 '향품'(아로마)을 부을 때 자주 사용되었다(막 16:1; 눅 7:38, 46; 요 11:2, 3).

예수님께 실제 기름이 부어진 적 없다는 사실은 우리 신자들에게도 적용된다. "너희는 거룩하신 자에게서 **기름 부음**을 받고 모든 것을 아느니라"(요일 2:20). 이 본문에도 진짜 '기름'(엘라이온)은 나오지 않는다. 대신에 '기름 부음'으로 번역된 '크리스마'가 나오는데 이는 '크리오'의 명사형이다.

결국 이 말씀은 성도들도 하나님께 '기름 부음' 받은 자임을 보여주는데, 그렇다고 우리 중에 진짜 올리브유를 부어 교인이 된 사람은 없다. 혹시 천주교의 종부성사를 떠올릴지 모르나 이것은 죽음을 앞둔 병자에게 기름을 바르는 특수 상황이다. 따라서 요한일서의 '기름 부음' 역시 하나님께 특별한 구별을 받았다는 뜻이다.

그럼에도 한국 교회가 '성령'과 '기름'을 자주 동일선상에 놓는 것은 우리말에 '기름 붓다'를 속뜻까지 한꺼번에 표현할 동사가 없기 때문이다. 그렇다고 의미만 살려서 '거룩하게 구별하다'라고 의역하기도 애매하다. 그래서 '마샤흐'나 '크리오'를 일괄적으로 '기름 붓다'로 번역하다 보니 이런 일이 생겼다. 문화적 차이로 인해 우리 한국인은 '기름 붓다'에서 '특별히 구별되다'는 뜻보다 실제로 기름이 부어지는 느낌을 더 받기 때문이다.

성경에는 '기름'과 '기름을 붓다'가 동시에 나오는 구절도 간혹 있다(구약 18구절; 신약 1구절, 히 1:9). 이 경우에도 개역개정성경은 혼돈을 야기한다. 중복되는 '기름'을 합쳐서 그냥 '기름 붓다'로 한 번만 번역한다. '기름을 기름 붓다'라고 하면 어색하기 때문이다.

예를 들어 "즐거움의 기름을 주께 부어"(히 1:9)라는 구절의 원문은 "즐거움의 '기름'(엘라이온)으로 당신께 '기름 부어'(크리오)"이다. 사실 이렇게 읽어야 '기름'과 '기름 부어'가 분리되어 '크리오'의 속뜻인 '특별히 구별되다'의 느낌이 잘 살아난다. 하지만 우리말로는 어색한 문장이라서 단순히 '기름 부어'로만 번역했기 때문에 '크리오'의 의미가 붕 떠버렸다.

영어의 경우는 다르다. '기름 붓다'라는 의미의 '어노인트'(anoint)라는 동사가 따로 있다. 그래서 '마샤흐', '크리오', '크리스마' 모두 '어노인트'로 번역하였다. '어노인트'의 사전적 의미는 '누군가에게 거룩한 물이나 기름을 붓는 종교 예식을 통해서 거룩하게 하는 것'(캠브리지 사전)이다. 따라서 영어성경을 읽는 사람들은 이 단어를 통해 '기름' 자체보다 '거룩하게 구별되었음'에 주목한다.

위에서 살펴본 "즐거움의 기름을 주께 부어"(히 1:9) 역시, 영어성경들은 거의 다 "기름을 가지고 너를 '어노인트'하였다"(히 1:9 NRSV, "anointed you with the oil")의 형태로 번역하였다. 이렇게 읽으면 '어노인트'의 뜻이 '특별히 구별되다'임을 알기 때문에 그 뒤로 이어지는 "주를 동류들보다 뛰어나게 하셨도다"가 더욱 실감 나게 다가온다.

지금 우리가 주목하는 '누가복음 4장 18절'과 '사도행전 10장 38절'도 마찬가지다. 여기 나오는 '기름 붓다'를 영어성경은 모두 '어노인트'로 번역해서 '특별한 선택'의 의미를 전달한다. 따라서 성경을 가르치는 사람들은 이런 내용을 성도들에게 한 번씩 강조해 줘야 한다. 그렇지 않으면 '성령'을 자꾸 실제 '기름'과 연관시켜, 성령이 어떤 신비한 기름처럼 쏟아지는 느낌을 가지기 때문이다. 특히 "성령과 능력을 기름 붓듯 하셨으매"(행 10:38)까지 가세하면 성령의 임재가 곧 신비한 능력의 기름이 부어지는 것이라는 주장까지 나온다.

그러다 보니 슬기로운 다섯 처녀를 성령 충만하고 능력과 은사가 넘치는 성도로 보는 분위기가 교회 안에 많다. 이런 식의 해석은 신비주의를 조장하고 심지어 패를 가르는 용도로 사용된다. 언제부턴가 방언을 못 하면 거듭난 신자가 아니라는 말을 함부로 하는 사람이 있다. 성령의 기름 부음이라는 명목하에 황당한 신비 체험을 강조하는 집회들도 여전히 각광받는다. 이 모두는 슬픈 현실이다. 앞으로 밝혀지겠지만 '열 처녀 비유'를 소개하는 마태복음이 정반대로 가르치기 때문이다.

이제 본격적으로 '열 처녀 비유'를 알아보자. 이 비유에 대해서는 장황한 해석들이 많고, 각 인물과 소품의 의미를 모조리 밝히려는 시도도 있다. 이를 위해 당시의 결혼 풍습부터 시작해서 '등', '그릇', '기름 파는 자' 등의 정체를 전부 도마 위에 올리고, 심지어 신랑이 예수님이냐 아니냐를 놓고도 다툰다.

하지만 비유 속의 상징들을 단번에 규명하려는 것은 실패할 확률이 높다. 해석하는 사람의 취향에 따라 갖가지 주장들이 난무하기 때문이다. 이것을 극복하려면 우선 비유의 최종 목적지부터 파악해야 한다. 주님이 의도하신 핵심이 밝혀지면 나머지는 다 들러리이고 상식적인 차원에서 해결해도 무방하기 때문이다.

이 비유 속에는 궁극의 목표가 있다. 그것은 '슬기로움'과 '미련함'의 정체이다. 오직 이 차이로 인해 천국 문 앞에서 인간의 운명이 갈린다. 따라서 역추적을 시도하는 것이 빠르다. '기름'을 비롯한 각종 소품의 상징을 놓고 다투기보다, 예수님은 과연 누구를 '슬기롭다'고 하셨고 누구를 '미련하다'고 하셨는지 마태복음 안에서 살피면 된다.

신약성경에서 '슬기로운 자'를 선하게, '미련한 자'를 악하게 대립시킨 경우는 오직 마태복음뿐이다. 일단 우리가 보고 있는 '열 처녀 비유'가 그 대표인데, 이때의 '슬기로운'은 원어로 '프로니모스'이고 '미련한'은 '모로스'이다.

그런데 이와 동일한 대립이, 동일한 비유 양식으로 우르르 나타나는 곳이 마태복음에 있다. 바로 산상수훈이다. 다음의 비유를 보자.

> 나의 이 말을 **듣고 행하는 자**는 그 집을 반석 위에 지은 **지혜로운**[프로니모스] 사람 같으리니 비가 내리고 창수가 나고 바람이 불어 그 집에 부딪치되 무너지지 아니하나니 … 나의 이 말을 **듣고 행하지 아니하는 자**는 그 집을 모래 위에 지은 **어리석은**[모로스] 사람 같으리니 비가 내리고 창수가 나고 바람이 불어 그 집에 부딪치매 무너져 그 무너짐이 심하니라(마 7:24-27).

산상수훈의 결론에 등장하는 이 '반석과 모래 터' 비유에도 '지혜로운 사람'과 '어리석은 사람'이 대립 구도로 나온다. 모두 열 처녀 비유와 똑같은 단어인 '프로니모스'와 '모로스'이다. 같은 단어를 여기서는 '지혜로운'과 '어리석은'으로, 저기서는 '슬기 있는'과 '미련한'으로 번역한 것은 많이 아쉽다. '프로니모스'와 '모로스'가 직접 대립하는 곳은 성경에서 오직 이 두 본문뿐인데 이처럼 중요한 사실을 흐릿하게 만들었기 때문이다.

여하튼 이 발견대로 마태복음 7장의 '반석과 모래 터 비유'를 성실하게 읽은 독자는 마태복음 25장에서 만난 '열 처녀 비유'의 핵심을 금방 깨닫는다. 슬기롭고 미련한 것의 정체를 주님께서 이미 밝히셨기 때문이다. 두 본문은 데칼코마니처럼 흡사하다. 각각의 전개를 보라.

'비가 내리고 창수가 나고 바람이 부는' 위기는 "다 졸며 잘새 밤중에 소리가 나되 보라 신랑이로다 맞으러 나오라"(마 25:5-6)는 다급한 상황과 같다. '무너지지 않은 집'과 '심하게 무너진 집'은 다섯 처녀만 천국에 들어가고 나머지 다섯은 애원해도 "내가 너희를 알지 못하노라"(마 25:12)라는 선고를 받은 것과 같다.

따라서 우리는 수월하게 일차 결론에 다가갈 수 있다. '열 처녀' 비유의 '슬기로운 다섯 처녀'는 '반석과 모래 터' 비유의 '지혜로운 사람'이요 "나의 이 말을 듣고 행하는 자"이고, '미련한 다섯 처녀'는 '어리석은 사람' 즉 "나의 이 말을 듣고 행하지 아니하는 자"이다. 여기서 '슬기로움'와 '미련함'의 정체가 드러난다. 예수님의 말씀을 '듣고 행하는 자'는 슬기롭고, '듣고도 행치 않는 자'는 미련하다는 것이다. 이것을 표로 나타내면 다음과 같다.

| **반석과 모래 터 비유(마 7:24-27)** | | = | **열 처녀 비유(마 25:1-13)** | |
|---|---|---|---|---|
| 나의 말을 듣고 행함 | '지혜로운' 사람 (프로니모스) | = | '슬기로운' 다섯 처녀 (프로니모스) | 충분한 기름 |
| 나의 말을 듣고 행하지 아니함 | '어리석은' 사람 (모로스) | = | '미련한' 다섯 처녀 (모로스) | 부족한 기름 |

그런데 이게 다가 아니다. 산상수훈에서 예수님은 이와 비슷한 비유를 세 개나 더 말씀하셨다. 그것은 소금 비유(마 5:13), 등불 비유(마 5:14-16), 열매 맺는 나무 비유(마 7:17-20)이다.

먼저 '소금' 비유부터 보자. 이 비유는 '팔복' 선언 후, 산상수훈의 본체로 진입하는 첫 말씀이다. 여기서 예수님은 '정상적인 소금'과 '맛 잃은 소금'을 구분하시고, 후자는 "아무 쓸 데 없어 다만 밖에 버려져 사람에게 밟힐 뿐"(마 5:13)이라고 선언하셨다. 겉은 비슷해도 운명이 엇갈린 두 소금은 열 처녀 비유의 두 그룹과 병행을 이룬다.

그 뒤로 이어진 '등불' 비유는 또 다른 면에서 유사한 모습을 보여 준다. 예수님은 이렇게 말씀하셨다.

> 너희는 세상의 빛이라 … 사람이 **등불**을 켜서 **말 아래**에 두지 아니하고 **등경 위**에 두나니 이러므로 집 안 모든 사람에게 비치느니라 이같이 **너희 빛**이 사람 앞에 비치게 하여 그들로 너희 **착한 행실**을 보고 … 아버지께 영광을 돌리게 하라(마 5:14-16).

주님께서는 성도가 등불을 등경 위에 놓고 빛을 비춰야 한다고 말씀하신다. 열 처녀 비유와 같은 배경이다. 물론 이때의 '등불'(뤼크노스)은 열 처녀 비유의 '등'(람파스)과 다른 단어이긴 하나 사용 범위가 달라서 생긴 차이일 뿐이다. '뤼크노스'는 "집 안"(마 5:15)을 비치는 작은 등이고 '람파스'는 결혼식장 전체를 비치는 횃불이기 때문이다. 하지만 둘의 용도가 동일하므로 영어성경은 구별 없이 모두 '램프'(lamp)라고 번역했다.

이 램프들은 '빛'이 핵심이다. 간혹 설교 중에 전기가 없던 당시 상황을 언급하며 불의 따뜻함까지 강조하려는 시도가 있는데 자칫 핵심을 벗어나기 쉽다. 예수님이 두 비유에서 말씀하신 '등불'과 '등'은 모두 '빛'에 초점이 있다. 그래서 주님은 이 '등불'을 등경 위에 두어 "너희 빛이 사람 앞에 비치게" 하라 하셨고, 열 처녀의 '등' 역시 '밤중'이라는 환경에서 결혼식장을 밝히는 용도이다.

그러면 이 등불 빛의 정체는 무엇인가? 주님은 이 빛이 곧 "너희 착한 행실"(마 5:16)이라고 말씀하셨다. 따라서 '등불 빛'을 등경에 올려서 비추는 것은 성도가 '착한 행실'을 하는 것이다. 이것은 다시 '반석과 모래 터' 비유와 맞닿는다. '지혜로움'과 '어리석음'의 차이가 '말씀 행함'에 있다고 하신 것처럼 바른 성도가 비추는 '빛' 역시 '착한 행실'을 하는 것이다. 즉, 둘 다 성도의 행함에 강조점이 있다.

그런데 이어지는 '열매 맺는 나무' 비유도 같은 스토리이다. 등불의 비유가 말하는 '착한 행실'의 '착한'은 '칼로스'인데, 이것은 '열매 맺는 나무' 비유에 나오는 '아름다운' 열매와 같은 말이다. 그러니까 '착한(칼로스) 행실'은 곧 '아름다운(칼로스) 열매'라는 말이다. 특히 예수님은 "좋은 나무마다 아름다운 열매를 **맺고** 못된 나무가 나쁜 열매를 **맺나니**"(마 7:17)라고 하셨다. 여기서 열매를 '맺다'라는 동사는 '포이에오'로, '반석과 모래 터' 비유의 "말씀을 행하는 자"에서 '행하다' 역시 '포이에오'이다.

이상의 관찰을 통해 '열 처녀' 비유는 결국 산상수훈의 '소금', '등불', '열매 맺는 나무', '반석과 모래 터' 비유와 동일한 가르침임을 알 수 있다. 이 모든 관계를 표로 정리하면 다음과 같다.

| 산상수훈 | | | | | | | | | |
|---|---|---|---|---|---|---|---|---|---|
| **소금 비유 (마 5:13)** | **등불 비유 (마 5:14–16)** | | **열매 맺는 나무 비유 (마 7:17–19)** | | **반석과 모래 터 비유 (마 7:24–27)** | | | **열 처녀 비유 (마 25:1–13)** | |
| (맛있는) 소금 | 등경 위의 빛 | '착한' (칼로스) 행실 | 좋은 나무 | '아름다운' (칼로스) 열매 '맺음' (포이에오) | 반석 터 집 | '지혜로운' (프로니모스) 사람 | 듣고 '행함' (포이에오) | '슬기로운' (프로니모스) 다섯 처녀 | 충분한 기름 |
| 맛을 냄 | 아버지께 영광 | | | | 무너지지 않음 | | | 잔치에 들어감 | |
| 맛 잃은 소금 | 말 아래 빛 | | 못된 나무 | 나쁜 열매 '맺음' (포이에오) | 모래 터 집 | '어리석은' (모로스) 사람 | 듣고 '행하지' (포이에오) 않음 | '미련한' (모로스) 다섯 처녀 | 부족한 기름 |
| 밖에 버려짐 | | | 찍혀 불에 던져짐 | | 심하게 무너짐 | | | 잔치에서 쫓겨남 | |

산상수훈의 '소금' 비유에서 '맛을 내는 것'과 '등불' 비유에서 '등경 위에 둔 빛이 비치는 것'은 성도가 '착한 행실'을 하는 것이고, '열매 맺는 나무'에서는 '아름다운 열매를 맺는 것'이며, '반석과 모래 터'에서는 지혜로운 자가 '말씀을 듣고 행하는 것'이다. 이 모두는 결국 '슬기로운 다섯 처녀'의 등에 기름이 충분한 상태를 의미한다.

이것은 반대로도 맞아떨어진다. '맛을 잃은 소금'이나 '말 아래에 두어 빛을 감추는 것'은 결국 '나쁜 행실'을 보여 주는 것이고, 못된 나무가 '나쁜 열매를 맺는 것'이며, 어리석은 자가 '말씀을 행하지 않는 것'이고, 결국 '미련한 다섯 처녀'의 등에 기름이 부족한 상태이다.

따라서 열 처녀 비유의 '슬기로움'과 '미련함'의 정체는 마태복음 안에서 이렇게 정리된다. 다섯 처녀의 '슬기로움'은 말씀을 듣고 행하여 착하고 아름다운 열매를 맺는 것이다. 나머지 다섯의 '미련함'은 말씀을 듣고도 행치 않아서 나쁜 열매를 맺는 것이다.

예수님이 동일한 메시지를 다섯 번이나 반복하신 것은 '말씀 행함'의 문제가 마태복음에서 그만큼 중요한 핵심임을 증명한다. 이것을 깨닫고 마태복음을 보면 다른 곳에서도 비슷한 가르침들이 속속 발견된다.

예를 들어 예수님은 "그 열매로 나무를 아느니라"(마 12:33)고 하셨고, 또 "지혜는 그 행한 일로 인하여 옳다 함을 얻느니라"(마 11:19)고 하셨다. 여기 나오는 "행한 일"은 '착한 행실'의 '행실'과 같은 단어인 '에르곤'이다. 심지어 마태복음의 마지막은 모든 민족에게 "내가 너희에게 분부한 모든 것을 가르쳐 지키게 하라"(마 28:20)로 끝나고 있다. 이 역시 예수님의 말씀을 듣고 행하는 일과 직결된다.

마태복음에서 예수님이 이처럼 '말씀 행함'을 강조하신 것을 알면 열 처녀 비유의 더 깊은 의미가 드러난다. 이상의 말씀들이 모두 '기존 신자'들을 향한 것이기 때문이다. '맛 잃은 소금'도 본래 소금이었고, '등불'의 비유는 등경 위든 말 아래든 일단 등불을 가진 자들이며, '열매 맺는 나무'도 주인이 양쪽 모두에게 열매를 기대했던 존재들이고, '반석과 모래 터' 역시 이미 '말씀을 듣고 집을 짓는 자'들에게 주신 말씀이다.

이것은 당연히 '열 처녀' 비유에도 적용된다. 두 그룹은 슬기롭든 미련하든 일단 등을 켜고 신랑을 기다리는 중이다. 결국 이 둘도 모두 신자의 모습을 하고 있다는 말이다. 그러므로 예수님은 지금 믿는다는 신자들 가운데 슬기로운 진짜와 미련한 가짜가 섞여 있음을 지적하신다.

그런데 미련한 그룹의 잘못은 기름이 부족한 것이었다. 기름이 아예 없는 것은 아니고 "우리 등불이 꺼져 가니"(마 25:8)라고 말하는 것으로 보아 어느 정도 빛의 자녀의 모습은 있다. 하지만 치명적인 잘못은 '부족한 기름'이었다. 이에 반해 슬기로운 다섯은 '충분한 기름'을 소유하였으므로 진정한 신자들이다.

따라서 중요한 사실이 밝혀진다. 두 그룹의 최종적인 대척점은 '충분한 기름'과 '부족한 기름'이다. 이 비유가 지금까지 논란에 싸인 것은 '기름'만 따로 떼어서 생각했기 때문이다. 심지어 여기에 성령까지 대입하니 혼란이 더 가중되었다. 자칫하면 '충분한 성령'과 '부족한 성령'이라는 개념이 나오기 때문이다.

혹자는 이것을 '성령 충만'과 연관시키고 싶을 것이다. 하지만 그건 더 황당하다. 미련한 자들도 적지만 어쨌든 성령을 소유한 자들이 되기 때문이다. 그렇다면 하나님은 신자들의 성령 소유량을 보고 천국에 들여보내신다는 말인가? 대체 얼마만큼의 성령을 소유하면 커트라인을 통과할 수 있나? 무엇보다 성령은 질량 측정이 가능한 물질인가? 이런 불경한 혼돈에 빠지고 만다.

우리는 '기름' 자체가 아니라 '충분한 기름'과 '부족한 기름'을 놓고 생각해야 한다. '충분한 기름'이 슬기로움의 상징이고 '부족한 기름'은 미련함의 상징이다. 충분한 기름은 말씀을 듣고 행하는 맛있는 소금이며 등경 위의 빛이고 착한 행실로 아름다운 열매를 맺는다. 부족한 기름은 말씀을 듣고도 행치 않는 맛 잃은 소금이요 말 아래 빛처럼 나쁜 행실로 나쁜 열매를 맺는다.

따라서 충분한 기름은 천국에 들어가기 충분한 믿음이고 부족한 기름은 모자란 믿음이다. 즉 충분한 기름은 '참된 믿음'이고 부족한 기름은 '거짓된 믿음'이다. 이 사실은 예수님이 강조하신 '가라지' 비유(마 13:24-30, 36-43)에서 다시 한번 증명된다. 이 비유는 마태복음에만 나오는데 예수님은 이렇게 말씀하신다.

> **좋은 씨**는 천국의 아들들이요 **가라지**는 악한 자의 아들들이요 … 불법을 행하는 자들[이므로] … 풀무 불에 던져 넣으리니(마 13:38-42).

이 비유에서는 슬기로운 그룹은 '좋은 씨'로, 미련한 그룹은 '가라지'로 분류된다. 좋은 씨인 천국의 아들들은 "자기 아버지 나라에서 해와 같이"(마 13:43) 빛나고, 불법을 행하는 가라지들은 '풀무 불'에 불탈 것이다. 이것이 참 믿음과 거짓 믿음의 말로이다.

하지만 문제는 아직도 남았다. 열 처녀 비유 자체로는 이 믿음들의 구체적인 정체가 드러나지 않는다. 단지 "그런즉 깨어 있으라"(마 25:13)로 비유가 마무리된다(이것은 열 처녀가 '다 졸며 잘새'와 '깨어 있으라'가 상관없다는 증거이기도 하다). 그렇다면 '충분한 믿음'과 '부족한 믿음'의 실체는 무엇일까? 이 질문은 곧 '말씀을 듣고 행하는 것과 행치 않는 것'의 정체와 직결되며, 나아가 '참 믿음과 거짓 믿음'의 정체와도 이어진다.

열 처녀 비유가 이에 대해 소상히 말하지 않은 이유는 간단하다. 앞에서 예수님이 이미 다 가르치신 내용이기 때문이다. 예수님은 산상수훈에서 '열매 맺는 나무'의 비유를 하신 후에 곧장 이렇게 말씀하셨다.

> 나더러 주여 주여 하는 자마다 다 천국에 들어갈 것이 아니요 다만 하늘에 계신 내 아버지의 뜻대로 행하는 자라야 들어가리라(마 7:21. 눅 6:46 참고).

성경에서 예수님을 '주여 주여'(퀴리에 퀴리에)라고 두 번씩 부르는 자들은 이 구절의 사람들과 미련한 다섯 처녀뿐이다. 그녀들 역시 닫힌 문 앞에서 "주여 주여[퀴리에 퀴리에] 우리에게 열어 주소서"(마 25:11)라고 외친다. 그런데 이렇게 '주여 주여' 하는 두 그룹을 향해서 예수님은 똑같이 '내가 너희를 도무지 알지 못한다'(마 7:23, 25:12)고 선고하셨다. 이것은 두 집단이 동일한 부류라는 증거이다.

그렇다면 이제 미련한 다섯 처녀의 정체가 구체적으로 정립된다. 그녀들과 동류인 '주여 주여'파가 자신들의 그릇된 신앙 형태를 제 입으로 고백하기 때문이다.

> 그날에 많은 사람이 나더러 이르되 주여 주여 우리가 주의 이름으로 **선지자 노릇** 하며 주의 이름으로 **귀신을 쫓아내며** 주의 이름으로 **많은 권능을 행하지** 아니하였나이까(마 7:22).

'주여 주여'파는 "선지자 노릇"을 하던 자였다. '선지자 노릇 하다'는 원어로 '프로페튜오'인데, 직역하면 '예언하다'는 말이다. 예언 활동 자체가 잘못된 것은 아니다. 마태복음에도 올바른 예언들이 많이 나온다(마 11:13, 13:14, 15:7). 하지만 악한 예언도 나온다.

예수님이 체포되신 후 사람들은 "예수의 얼굴에 침 뱉으며 주먹으로 치고 어떤 사람은 손바닥으로 때리며 이르되 그리스도야 우리에게 **선지자 노릇**을 하라 너를 친 자가 누구냐"(마 26:67-68)라고 말한다. 여기 나온 '선지자 노릇'이 '주여 주여'파와 같은 '프로페튜오'이다. 그렇다면 이들의 선지자 노릇은 일종의 '알아맞히기' 즉 '점술 활동'을 의미한다.

지금도 예언 기도라는 명목으로 점쟁이 흉내를 내는 자들이 교회 안에 얼마나 많은가? 함께 언급된 '축귀'와 '권능'도 마찬가지다. 십자가의 사랑으로 시작된 기독교가 인간의 욕망과 버무려지면 엉뚱한 무속종교로 전락해 버린다. 예수님은 이런 타락이 가짜 신자들에 의해 교회 안에서 일어날 것을 마태복음에서 경고하신 것이다. 그래서 주님은 이들을 향해 이렇게 외치셨다.

> 내가 너희를 도무지 알지 못하니 불법을 행하는 자들아 내게서 떠나가라(마 7:23).

이미 말했지만 이것은 미련한 다섯 처녀가 받은 판결과 일치한다(마 25:12). 따라서 당시 마태복음을 읽던 성도들은 열 처녀 비유에서 다시 이 판결을 보면서, 미련한 다섯 처녀의 신앙 형태를 즉시 감지했을 것이다. 그 다섯의 신앙은 '주여 주여'파의 무속적 신비주의라고 미리 밝혀 놓으셨기 때문이다. 따라서 그들의 '부족한 기름' 즉 '거짓된 신앙 형태'는 마태복음 안에서 신비주의적인 무속신앙으로 귀결된다. 그래서 기름을 성령이나 권능으로 연결시키는 것이 큰 문제임을 이 글에서 누누이 강조해 왔다.

그렇다면 반대로 슬기로운 다섯 처녀, 즉 참된 신자들의 성향은 어떠할까? 이 역시도 마태복음이 일러 주고 있다. 예수님은 미련한 '주여 주여'파들을 향하여 "불법을 행하는 자들"(마 7:23)이라고 말씀하셨다. 가라지 비유에도 등장한 이 자들의 명칭에서 '불법'(마 13:41)이란 '아노미아'이다. 이 헬라어 단어는 '없다'는 뜻의 '아'와 '율법'을 뜻하는 '노모스'가 합쳐진 말이다. 그래서 영어성경은 보통 '무율법'(lawlessness)으로 번역한다. 한마디로 율법을 무시하고 엉뚱한 것에 집착하는 신앙 형태를 의미한다.

하지만 주의할 것이 있다. 여기서 예수님이 의도하신 '율법'은 구약의 율법이 아니다. 산상수훈에서 예수님은 자신이 '율법(노모스)을 완전하게 하려고 오셨다'(마 5:17)고 말씀하셨다. 이후로 여러 번에 걸쳐 구약 율법의 참된 의미를 일깨워 주셨는데, 보통 '옛사람에게 말한바 ~하였으나 나는 너희에게 이르노니'라는 형태로 이어진다(마 5:21-48).

그러면 구약의 율법을 올바로 푸셔서 완전하게 만드신 예수님의 참된 율법은 무엇인가? 이것은 마태복음에서 다음 두 가지 형태로 나타난다.

> 그러므로 무엇이든지 남에게 대접을 받고자 하는 대로 너희도 남을 대접하라 이것이 **율법**이요 선지자니라(마 7:12).
>
> 네 마음을 다하고 목숨을 다하고 뜻을 다하여 주 너의 하나님을 사랑하라 … 네 이웃을 네 자신같이 사랑하라 하셨으니 이 두 계명이 온 **율법**과 선지자의 강령이니라(마 22:37-40).

이상에서 보듯이 예수님의 율법은 '하나님을 사랑하고 이웃을 사랑하는 것'이다. 특히 남의 입장을 역지사지하는 배려심으로 이웃을 사랑하라고 가르치셨다(이른바 황금률). 따라서 예수님의 율법은 곧 사랑의 법이다. 미련한 '주여 주여'파는 이 사랑의 율법을 따르지 않았던 것이다. 그렇다면 그들의 '부족한 기름'은 또한 '부족한 사랑'이다. 신자이므로 날마다 예수님의 사랑에 대해 가르침을 들었지만 결국 그 말씀은 버리고 엉뚱한 신비주의에 빠져 버렸다.

이에 반해 지혜로운 자들은 예수님의 율법을 듣고 행하여 참된 사랑으로 아름다운 열매를 맺었다. 즉 이웃에게 맛을 더하고 빛을 비추는 삶을 살아서 그들로 "너희 착한 행실을 보고 하늘에 계신 너희 아버지께 영광을 돌리게" 한(마 5:16) 것이다. 이것이 충분한 기름이요 넘치는 사랑이요 올바른 신앙이다. 예수님이 주신 "**이 말**을 듣고 행하는 자는 그 집을 반석 위에 지은 지혜로운 사람"(마 7:24)이요, 곧 슬기로운 다섯 처녀이다. 그리스도의 율법을 반석으로 삼은 성도의 집은 결코 무너지지 않는다.

그래서 예수님은 '열 처녀 비유'(마 25:1-13)를 주신 후 '달란트 비유'(마 25:14-30, 이 역시 맡기신 것을 잘 행하라는 내용임)를 거쳐, 이 모든 가르침을 영상처럼 생생히 정리하신 마지막 비유를 내려 주셨다. 그것이 바로 '세계 심판(혹은 양과 염소)'의 비유이다.

> 인자가 … 자기 영광의 보좌에 앉으리니 … 양은 그 오른편에 염소는 왼편에 두리라 그때에 임금이 그 오른편에 있는 자들에게 이르시되 … 나아와 창세로부터 너희를 위하여 예비된 나라를 상속받으라 내가 주릴 때에 너희가 먹을 것을 주었고 목마를 때에 마시게 하였고 나그네 되었을 때에 영접하였고 헐벗었을 때에 옷을 입혔고 병들었을 때에 돌보았고 옥에 갇혔을 때에 와서 보았느니라 … 너희가 여기 내 형제 중에 지극히 작은 자 하나에게 한 것이 곧 내게 한 것이니라(마 25:31-40).

예수님은 이웃을 사랑하되 지극히 작은 자 하나까지 섬기고 대접하라고 가르치신다. 이 법도를 떠나 미련한 다섯 처녀처럼 엉뚱한 곳을 헤맨다면 정신을 차려야 한다. 예수님의 사랑을 받은 우리는 이웃에게 사랑의 열매를 맺는 슬기로운 다섯 처녀가 되어야 한다.

# 잃은 양과 한 드라크마 비유의 깊은 뜻은 무엇일까?

기독교 신앙을 가진 것이 자랑스럽고 심지어 득이 되던 시대가 있었다. 하지만 지금은 많은 사람들이 교회를 떠나고 있다. 스스로 가나안 성도를 자처하는 사람도 많다. 여러 이유가 있겠지만 어느새 기독교가 비난받는 시대로 접어들었다는 증거이다. 그래서 교회마다 비상이다. 불신자 전도는커녕 기존 신자들을 머물게 하기도 힘든 상황이다.

이런 현실에서 누가복음에 나오는 세 가지 비유가 우리의 눈을 사로잡는다. 그것은 각각 '잃은 양', '잃은 드라크마', '탕자'의 비유다. 이들을 한 묶음으로 보는 것은 셋 다 뭔가를 잃었다가 다시 찾는 스토리이기 때문이다. 세 비유는 모두 '잃은 ~을 찾았다'(눅 15:6, 9, 32)는 기쁜 음성으로 끝난다. 이들 중에 이번 장에서는 '잃은 양과 드라크마'의 비유를 3단계로 살펴보고, 이를 토대로 다음 장에서는 '탕자의 비유'를 추적할 것이다.

예수님이 말씀하신 '잃은 양'은 본래 한 목자의 양 떼에 속했던 양이다. 잃어버린 '드라크마'도 열 드라크마가 한 세트임이 분명하다. 설교에서는 열 개의 은전을 하나로 엮어 만든 약혼 예물이라고 자주 설명하는데, 역사적으로 증명된 것은 아니지만 본문 이해에 도움을 주는 예시이다. 그 여인이 한 드라크마를 열심히 찾았고, 찾은 후에 엄청 기뻐한 것을 보면 열 개로 존재할 때 가치를 인정받는 귀중품인 것은 확실하다.

예수님은 이 잃은 양과 드라크마가 모두 '죄인'을 가리킨다고 말씀하셨다. 두 비유의 결론은 동일하게 "이와 같이 죄인 한 사람이 회개하면"(눅 15:7, 10)으로 끝난다. 하지만 이 죄인들이 특정한 범죄와 직결된 것 같지는 않다. 오히려 이스라엘이라는 공동체의 특성 안에서 미움받고 소외당했던 존재들이다. 이것은 예수님이 이 비유를 시작하신 계기에서 확인할 수 있다.

먼저 "모든 세리와 죄인들이 말씀을 들으러"(눅 15:1) 예수님께 나아왔고, 이들과 주님이 함께 식사하는 중에 "바리새인과 서기관들이 수군거려 이르되 이 사람이 죄인을 영접하고 음식을 같이 먹는다"(눅 15:2)고 비난하였다. 그러자 예수님이 "그들에게 이 비유로 이르시되"(눅 15:3)라고 이야기를 시작하셨다.

따라서 '잃은 양과 드라크마' 비유는 예수님의 실제 현실에서 다음과 같은 구도를 띤다. 비유 속의 '양과 드라크마'는 당시 이스라엘에서 소외된 '세리와 죄인들'을 가리킨다. 이들이 주님의 말씀을 들으려고 찾아온 것은 그들의 '회개'를 상징한다. 동시에 이들을 찾아 나선 '목자'와 '어떤 여자'는 예수님 자신과 직결된다.

누가복음에서 예수님은 "내가 의인을 부르러 온 것이 아니요 죄인을 불러 회개시키려 왔노라"(눅 5:32) 하셨고, 또 "인자가 온 것은 잃어버린 자를 찾아 구원하려 함이니라"(눅 19:10)라고 말씀하셨다.

그러므로 비유 속에 예고된 즐거운 파티도 예수님과 죄인들이 실제로 함께 음식 먹던 자리와 직결된다.

예수님은 이 비유를 통해 누구라도 말씀을 듣고 회개하면 하나님 나라의 일원이 될 수 있다고 설파하신 것이다. 바리새인과 서기관들을 향하신 비유라는 사실에서 더욱 그렇다. 그들은 세리와 죄인을 정죄했고 아브라함의 자손으로 여기지 않았다. 하지만 예수님의 시각은 다르다. 회개하는 자는 누구든지 아브라함 공동체의 일원이 될 수 있다. 그래서 나중에 세리장 삭개오를 향해서 "이 사람도 아브라함의 자손임이로다"(눅 19:9)라고 선언하신 것이다.

하지만 이제 눈높이를 한 단계 높여 보자. 이 비유가 담긴 누가복음은 예수님이 승천하시고 약 50년이 지난 후에 쓰였다. 그때 이 말씀을 읽던 누가네 교회 사람들은 본문의 상황과 달리 주로 이방인 신자들이었다. 그들은 이 비유를 어떻게 받아들였을까?

당연히 자신들의 교회 상황에 맞추어 이해했을 것이다. 따라서 이스라엘 안에서 죄인으로 소외당했던 세리와 죄인들은, 독자들 자신의 상황에서 교회 안에 소외되어 이탈한 인물들과 연관 지어졌을 것이다. 동시에 이들을 찾아 헤맨 목자나 여인은 예수님 자신이라기보다 주님께 양 떼를 위임받은 사역자들로 여겨졌을 것이다.

교회를 '목자와 양 떼'로 보는 구도는 누가의 다른 글에서 발견된다. 누가가 쓴 사도행전에서 바울은 에베소의 장로들에게 이렇게 당부한다.

> 여러분은 자기를 위하여 또는 온 **양 떼**를 위하여 삼가라 성령이 그

들 가운데 여러분을 감독자로 삼고 하나님이 자기 피로 사신 교회를 보살피게 하셨느니라(행 20:28).

이처럼 누가가 감독자(즉 목자, 벧전 2:25 참조)와 양 떼라는 구도로 교회를 이해했다면, 이 비유는 결국 교회 지도자가 어떤 자세로 교인들을 이끌어야 하는지에 대한 가르침이 된다. 즉 예수님이 잃은 자를 찾으러 오신 것처럼, 당시의 교회 지도자들도 잃은 자를 찾는 데 최선을 다해야 한다는 말이다.

그렇다면 잃은 양 한 마리와 한 드라크마는 왜 잃어버린 상태가 되었을까? 예수님의 시대에는 이스라엘이라는 테두리 안에서 잘난 바리새인과 서기관들의 정죄를 받았기 때문이다. 하지만 이방인 중심의 누가네 교회는 이런 유대인의 테두리가 쉽게 적용되지 않는다. 애초에 율법 중심의 민족 체제가 아니기 때문이다. 따라서 그들은 잃은 양과 한 드라크마 비유를 자신들의 교회 안에 일어난 누군가의 소외와 이탈 사건으로 이해했을 것이다.

그런데 비유를 가만히 보면 예수님이 일부러 뭔가를 자제하신 흔적이 있다. 죄인들을 소외시킨 바리새인과 서기관이 곁에 있음에도 불구하고, 주님은 비유에서 그들을 직접 야단치지 않으신다. 한마디로 이 비유들 속에는 악역이 없다. 만약 이전에 자주 그러셨던 것처럼(눅 11:39-43, 12:1 등 참조), 예수님이 너희 같은 외식자들 때문에 양과 드라크마가 사라졌다고 말씀하셨다면, 현실의 서기관과 바리새인들은 큰 타격을 받고 씩씩거렸을 것이다.

하지만 비유에서 주님은 그렇게 하지 않으셨다. 이것은 예수님이 나중에 이 비유를 읽는 교회들을 고려하신 것이다. (저자의 입장에서 말하면 누가가 자기 교회의 상황을 고려하여 비유를 순화한 것이라고도 말할 수 있겠다. 이런 시각에 대해서는 이 책의 '부록'을 보라.) 만약 비유 속에 악한 존재가 나타날 경우, 이것이 후대의 교인들에게 정죄와 분란의 씨가 될 수 있기 때문이다. 다시 말해 교인들이 이 비유를 읽으면서 '죄인이 돌아오는 기쁨'에 집중하기보다, 잃은 자를 소외시킨 캐릭터를 누군가에게 적용하여 정죄하는 불상사가 일어날 수 있기 때문이다.

그래서 예수님은 잃어버린 자에 대한 책임을 양과 드라크마를 위임받은 지도자들에게 온전히 맡겨 버리셨다. 이것은 비유 속에서 분명히 확인된다.

> **너희 중에 어떤 사람**이 양 백 마리가 있는데 그중의 하나를 **잃으면**…(눅 15:4).
>
> **어떤 여자**가 열 드라크마가 있는데 하나를 **잃으면**…(눅 15:8).

사라진 '양'과 '드라크마'를 잃어버린 주체는 바로 '목자'와 '어떤 여자'이다. 우리도 잘 알 듯이 누군가 교회를 떠나는 원인은 다양하다. 하지만 예수님은 그 소외와 이탈의 책임을 우선 교회 지도자들에게 지우고 계신다. 주님이 그들에게 사명을 위임하신 이유가 양떼를 돌보는 것이기 때문이다. 따라서 이런 일이 생겼을 때 가장 큰 위기와 책임을 느껴야 할 존재는 교회의 지도자들이다.

이것은 '잃어버리다'라는 동사의 원문의 뜻에서도 의미가 강화된다. 헬라어 '아폴뤼미'는 누가복음에 총 27번 등장하는데, 23번이

'죽다'나 '멸망하다'라는 의미로 사용되었다. 무리를 떠난 양은 들판을 헤매다가 실제로 잡아먹히거나 굶어 죽을 확률이 높다. 따라서 이처럼 중첩된 단어의 의미는 누군가 공동체를 떠나는 것이 매우 심각한 문제이며, 이들을 찾아야 할 지도자들의 책무가 심히 중하다는 사실을 각인시킨다.

게다가 잃어버린 한 드라크마는 무생물로 표현된다. 양은 제 발로 무리를 이탈할 수 있지만 무생물인 드라크마는 누군가의 실수가 있어야만 분실된다. 예수님은 그 실수의 주체를 '어떤 여자'로 지목하신다. 그만큼 그 귀중품의 관리자인 여인의 책무가 중하다는 뜻이다.

따라서 정리하면 이렇다. 예수님은 자신의 시대에 이 비유를 줌으로써 그 자리에 있던 바리새인과 서기관들에게 죄인을 받아들이는 일이 무척 소중함을 일깨우셨다. 동시에 50여 년이 지난 후 누가복음에서 이 비유를 읽는 교인들에게도 교회에서 이탈된 자를 찾는 일이 매우 중요함을 깨우치셨다.

그래서 이 일에 교회 지도자들이 적극 힘써야 한다고 강조하셨다. 그들은 비유 속의 목자처럼 잃은 자들을 "찾아내기까지 찾아다니"고(눅 15:4), 또한 그 여인처럼 "등불을 켜고 집을 쓸며 부지런히" 찾아야(눅 15:8) 한다. 그렇게 잃은 영혼을 되찾아서 예수님 시대의 파티가 누가의 교회에도 열려서 온 교인이 기쁨을 누려야 한다고 말씀하신 것이다.

그러면 이제 세 번째 단계로 이 비유를 2천 년이 지난 우리에게 적용해 보자. 목자와 백 마리 양의 이야기는 오늘날 일반적인 교회의 교역자들을 향하신 말씀으로 이해할 수 있다. (지금 한국 교회의 70퍼센트 이상이 교인 수가 100명 이하라는 통계가 있다.) 교회의 목양자들은 주님의 가르침대로 잃은 양에 대해 강한 책임감을 느끼고 그들의 복귀에 힘을 다해야 한다.

또한 현대 교회에는 소그룹도 많다. 명칭은 다양하지만 기본적으로 구역, 주일학교, 학생회, 청년회, 성가대 등등이 존재한다. 열 드라크마의 관리를 맡은 여인은 이런 소그룹 리더를 상징한다. 그들 역시 자기 그룹에서 이탈된 드라크마를 부지런히 찾아야 할 책무가 있다.

교회는 사람이 모인 곳이라 다툼과 분열의 가능성이 항상 있다. 목회자와 리더들 때문에 교회를 떠나는 사람도 많다. 하지만 예수님의 경고에 유념해야 한다. "실족하게 하는 것이 없을 수는 없으나 그렇게 하게 하는 자에게는 화로다"(눅 17:1).

나아가 "그가 이 작은 자 중의 하나를 실족하게 할진대 차라리 연자맷돌이 그 목에 매여 바다에 던져지는 것이 나으리라"(눅 17:2)고도 경고하셨다. 이 경고는 "만일 하루에 일곱 번이라도 네게 죄를 짓고 일곱 번 네게 돌아와 내가 회개하노라 하거든 너는 용서하라"(눅 17:4)로 이어진다.

오늘날 우리의 교회가 주님께서 바라시는 모습으로 회복되기를 꿈꾸자. 바리새인과 서기관의 정죄가 아니라, 용서와 사랑의 물결이 넘쳐 누구나 기쁘게 녹아들 수 있는 공동체가 되기를 소망하자. 이 일에 양 떼를 위임받은 목자와 리더들은 더욱 분발하자. 소외되고 실망한 자들을 찾고 섬기는 일에 부지런히 열심을 내자. 그리하여 죄인의 회개가 그치지 않는 교회의 참된 기쁨을 누리자. 이것이 예수님이 바라시는 교회다운 교회이다.

# 탕자의 정체는 무엇일까?

예전에 꽤 훌륭한 단편소설들을 쓴 어느 중학생의 글을 읽어 봐 준 적이 있다. 청소년의 모험을 다룬 소설이었는데 흥미롭게도 소설마다 주인공의 부모들이 죽은 상태였다. 이 부분을 지적하자 어린 작가는 그래야 주인공의 활동이 자유롭다고 했다. 듣고 보니 일리가 있어서 함께 웃었던 기억이 난다.

창작된 모든 이야기에는 작가의 의도적인 장치가 들어간다. 그래야 이야기가 목표를 향해 수월히 달릴 수 있다. 예수님이 창작하신 탕자의 비유는 일종의 단편소설이다. 이 스토리에 수많은 사람들이 매료되었다. 세계적인 작가들도 극찬하며 자기 작품의 소재로 자주 사용하였다. 이야기의 흐름도 명쾌하다. 둘째 아들의 패륜, 방탕, 회개 그리고 아버지의 품으로 복귀하는 기승전결은 하나님의 사랑을 가슴 찡하게 전달해 준다.

하지만 정작 세부 내용으로 들어가면 난해한 부분이 많다. 일단 이 비유가 직전에 나온 '잃은 양과 드라크마' 비유와 한 묶음이란 것은 분명하다. 모두 뭔가를 잃었다가 다시 찾는 스토리다. 그럼에도 탕자의 비유는 이들과 확실히 구별된다.

먼저 분량부터 다르다. 앞의 두 비유는 다 합쳐도 여섯 절인데, 탕자의 비유는 서른두 절이나 된다. 복음서에서 예수님이 하신 모든 비유 중에 가장 길다. 이것은 주님께서 이 비유를 통해 뭔가 많은 이야기를 하고 싶어 하셨다는 증거이다.

이것들을 찾아내기 위해 우선 '탕자'의 비유와 직전에 나오는 '두 비유'를 잠시 비교해 보자. '잃은 양과 드라크마' 비유에는 공동체를 떠난 죄인들의 죄가 무엇인지 구체적으로 안 나온다. 아마도 비유를 전하실 당시에 '바리새인과 서기관' vs '세리와 죄인'이 한 공간에 밀착해 있었기 때문으로 이해할 수 있다.

어차피 둘 다 예수님 앞에서 죄인이었고, 나아가 진짜 악인은 정죄하는 바리새인 쪽이었다. 이런 상황에서 소외되고 잃어버린 자들의 죄악까지 들출 필요는 없었다. 그래서 주님은 죄인들의 정체보다 이들을 찾아야 할 책임자를 부각시키셨다.

하지만 탕자의 비유는 결이 다르다. 그는 확실한 악역을 담당하고 있다. 아버지가 살아 계신 상황에서 "아버지여 재산 중에서 내게 돌아올 분깃을 내게 주소서"(눅 15:12)라고 요구한 것이나 "며칠이 안 되어 둘째 아들이 재물을 다 모아 가지고 먼 나라에 가 거기서 허랑방탕하여 그 재산을 낭비"했다(눅 15:13-14)는 묘사는, 말 그대로 그가 패륜적이고 방탕한 죄인임을 드러낸다. 심지어 그의 재산 탕진 역시 사업실패 같은 것도 아니고 "창녀들과 함께 삼켜" 버렸다(눅 15:30)고 나온다. 이 모두는 그가 극악한 죄인이었음을 강조하고 있다.

그런데 이런 탕자와 달리 비유에는 선한 역을 담당하는 이도 등장한다. 바로 탕자의 '아버지'이다. 탕자는 패망한 후에 "내가 하늘과 아버지께 죄를 지었사오니"(눅 15:18, 21)라고 두 번이나 고백한다. 이것은 선한 역할의 '아버지'가 곧 '하늘의 아버지'이심을 보여 주는 장치이다. 따라서 이 '아버지'는 이전 비유의 목자나 여인과는 레벨이 다르다. 목자와 여인 곁에 "벗과 이웃"(눅 15:6, 9)이 있었던 것과 달리, 아버지 곁에는 오직 종들과 아들들만 있다. 즉 비교할 만한 동류가 없는 유일하고 지고한 존재이다. 이것도 아버지가 곧 하나님이심을 보여 주는 장치이다.

여기에는 또 다른 암시가 들어 있다. 탕자가 본래 엄청 귀한 존재라는 것이다. 잃은 양과 한 드라크마는 다른 양 떼나 드라크마에 부속된 존재였다. 하지만 탕자는 유일무이한 하나님의 직계 자녀이다. 지고하신 아버지의 혈육이고 주변의 종들과도 태생적인 지위가 다르다. 이것은 하나님 앞에서 인간이 얼마나 귀중한 존재였는지를 보여 주고, 동시에 그분을 배신하는 것이 얼마나 어리석은 잘못인지를 이중으로 각인시켜 준다.

거기에다 이 '아버지'는 놀랍도록 사랑과 인내가 많다. 그는 탕자의 패륜적인 상속 요구에 아무 분노를 표출하지 않는다. 알다시피 유산이란 아비의 죽음과 직결된 것이다. 하지만 둘째의 이 무례한 언동에 아버지는 말없이 '그 살림을 각각 나눠 주었다'(눅 15:12). 여기서 탕자가 요구한 '분깃'(메로스)과 실제로 받은 '살림'(비오스)은 동일한 것으로 봐도 무방하다. '메로스'는 자기 '몫'(part)에 치중된 표현이고 '비오스'는 현실적인 '재물'(막 12:44; 요일 3:17 참조)이기 때문이다.

심지어 아버지는 이것을 기회로 큰아들에게도 살림을 나눠 주었다. 이 역시 자비롭고 공평하신 하나님을 상징한다. 예수님이 "너희 아버지의 자비로우심같이 너희도 자비로운 자가 되라"(눅 6:36)고 하신 대로다.

이렇게 유산을 받았지만 둘째는 아직 탕자가 아니었다. 비난받을 요소는 있어도 아버지의 집에 머무는 이상 죄인으로 지칭되지는 않는다. 그의 형처럼 열심히 일하며 집에서 함께 살 가능성이 있었고 아버지도 당연히 그것을 기대했을 것이다.

하지만 문제는 며칠 후에 발생했다. 둘째 아들이 "재물을 다 모아 가지고 먼 나라"(눅 15:13)로 가버린 것이다. 그런데 가출의 목적이 충격적이다. 이전 비유들과 달리 탕자의 이탈에는 명확한 이유가 있다. 그는 물려받은 재산을 가지고 "허랑방탕"하려고(눅 15:13) 떠났다. '허랑방탕'을 의미하는 헬라어 '아소스'는 성경에서 오직 여기만 나온다. 이 단어는 인간의 기본 매너를 던져 버린 난잡한 삶을 의미한다. 뒤에 나오는 "창녀들과 함께"(눅 15:30)라는 표현이 이를 명확히 증명한다.

탕자는 오직 육적인 타락을 목적으로 아버지를 떠났다. 사랑 많으신 아버지에 대한 엄청난 배신이다. 자신의 욕정을 위해 아버지의 사랑과 자비를 이용했다. 이것은 그의 죄가 상식선에서 용서받기 힘든 수준임을 보여 준다. 무엇보다 이 극악한 방탕의 주체는 탕자 자신이었다. 아무도 그를 꼬드긴 적이 없었다. 유산을 요구한 것도 먼 나라로 떠나 허랑방탕한 것도 모두 자신의 주도였다.

여기서부터 탕자의 비유는 이전의 두 비유와 갈라지기 시작한다.

양과 드라크마는 잃은 것을 찾는 것이 핵심이다. 목자는 잃은 양을 "찾아내기까지 찾아"다녀서(눅 15:4) 끝내 되찾아 온다. 여인도 "등불을 켜고 집을 쓸며 찾아내기까지 부지런히" 찾아다님으로써(눅 15:8) 기어이 이를 찾는다.

하지만 탕자의 비유에는 이런 '찾는 행위'가 전혀 등장하지 않는다. 그토록 사랑 많으신 분이지만 탕자의 아버지도 그를 찾지 않는다. 떠난 아들에 대한 정보를 접하고 있었음이 분명하고(눅 15:30), 먼 거리에서 탕자를 "보고 측은히 여겨 달려가 목을 안고 입을 맞추"는 장면(눅 15:20)에서 보듯이 아들을 안타깝게 기다린 것도 사실이다.

그럼에도 아버지는 떠난 아들을 찾으려 하지 않았다. 그의 허랑방탕한 현장에도, 망해서 비참하게 돼지 떼와 뒹굴던 자리에도 직접 찾아가거나 종을 보내지 않았다. 이것은 탕자와 아버지가 완전히 분리된 상태임을 보여 준다. 그래서 탕자가 떠난 곳이 애초에 "먼 나라"(눅 15:13)로 설정된 것이다. 직전 비유들의 무대는 목자나 여인의 활동 장소인 들판과 집 안이었다. 하지만 탕자는 말 그대로 '멀리멀리' 떠나 버린 상태였다.

여기서부터 이 비유의 독특성이 구체적으로 드러난다. 이전의 두 비유와 사뭇 다른 이야기가 분명하다. 죄인의 회개가 기쁘다는 포괄적인 결론은 세 비유가 모두 같다. 하지만 죄인의 종류는 전혀 다르다. 앞의 죄인들은 찾을 만한 존재였으나 탕자는 완전히 엇나간 자였다. 이것은 탕자의 극악한 죄들이 낱낱이 묘사될 때부터 예견된 일이었다. 그는 완전히 구제불능 상태의 죄인이었다. 도대체 예수님은 이를 통해 무엇을 말씀하고 싶으셨던 것일까?

그 힌트는 아버지의 말에서 발견된다. 아버지는 탕자가 돌아왔을 때 "내 아들은 죽었다가 다시 살아났으며 내가 잃었다가 얻었노라"(눅 15:24, 32)라고 두 번이나 고백한다. '잃었다(아폴뤼미)가 얻었다(유리스코)'는 말은 이전의 두 비유에도 나오는 표현이다.

하지만 '죽었다(네크로스)가 살아났다(자오)'는 표현은 오직 탕자에게만 사용되었다. 아버지는 분명히 탕자를 측은히 여겼기에 제 발로 다시 오면 언제든지 받아줄 마음이 있었음에도, 그가 떠나 있는 상태를 이미 '죽은 것'으로 여겼다. 그래서 아들을 찾아다니지 않은 것이다.

이것은 '잃었다가 얻었다'는 표현에서도 드러난다. '양과 드라크마'를 잃은 자와 찾은 자는 모두 목자와 여인이었다. 문장 자체가 그들이 주어인 능동태이다. 하지만 탕자의 비유 속에서 '잃었다가 얻었다'는 '능동태 + 수동태' 꼴이다. 원문을 직역하면 "그가 (스스로를) 잃었다가 되찾아졌다"이다. 따라서 그의 이탈과 되찾아짐의 주체는 아버지가 아니다. 떠난 것도 탕자요 돌아온 것도 탕자 자신이었음이 강조된 것이다.

아버지는 둘째를 완전히 죽은 상태로 치부하고 있었다. 혹자는 여기서 불만을 품을 수도 있다. '사랑의 하나님이니 자기 자녀를 끝까지 포기하지 않아야 하시는 것 아닌가'라고 말이다. 이것은 하나님의 사랑에 대한 착각이다. 하나님이 우리를 사랑하셔서 구원을 주신다는 복음에는 무서운 현실이 존재한다.

애초에 우리에게 왜 구원이 필요했을까? 땅에서 잘 먹고 잘 살다가 죽어서도 천국에 가기 위함인가? 절대로 아니다. 구원에는 무서운 전제가 있다. 바로 진노와 심판이다. 아이러니하게도 이 진노의 주체는 우리가 그토록 쉽게 대하는 사랑의 하나님이시다.

본래는 사랑보다 진노가 우선이었다. 심지어 진노가 합법한 정의이고, 사랑은 불법적인 변수다. 바울의 표현대로 아담의 범죄 이후 모든 인간은 하나님 앞에 "원수"(롬 5:10)일 뿐이었다. 원수라는 단어인 '에크뜨로스'는 본래 '마귀'(마 13:39), '사탄'(눅 10:19), '마귀의 자식'(행 13:10)을 지칭할 때 쓰는 표현이다. 이들은 모두 하나님께 멸망당할 존재이다.

성경은 이것이 인간의 본질이라고 말한다. 따라서 우리는 하나님의 복잡한 심경을 이해할 줄 알아야 한다. 이러한 모순을 뚫고 인간을 품으신 것이 그분의 사랑이다. 간혹 주님은 어떤 경우에도 나를 버리시지 않는다고 공언하는 신자들이 있다. 이것은 인간이 함부로 입에 담을 말이 아니다. 위기와 시련을 당할 때 믿음의 결의를 다지면서 말할 수는 있다. 그러나 자기 욕심과 타락을 정당화하려고 이런 태도를 취하면 큰 잘못이다.

하나님은 우리의 종이 아니다. 애초에 하나님은 우리를 구원하실 필요가 없으셨다. 그럼에도 구원을 주신 것은 그저 황송한 일이다. 이를 망각하고 아버지의 사랑을 편리한 대로 운운한다면 애초에 자신이 얻은 구원의 본질을 모르는 자이다. 넘지 말아야 할 선을 넘는 태도이다. 예수님은 지금, 이처럼 갈 데까지 가버린 자의 모습을 탕자에게 투영하고 계신다.

탕자는 너무나 귀한 사랑으로 구원받은 자녀였다. 하지만 이 사랑을 자신의 욕망의 도구로 이용했다. 아버지의 집에서 자유를 얻었지만 "그 자유로 육체의 기회를"(갈 5:13) 삼아 버렸다. "세상과 벗된 것이 하나님과 원수[에크뜨로스] 됨"(약 4:4)을 잊어버리고 "개가 그 토하였던 것에 돌아가고 돼지가 씻었다가 더러운 구덩이에 도로 누웠다"(벧후 2:22)는 말처럼 타락하여, 마침내 정말로 돼지와 뒹구는 신세가 되어 버렸다.

이 수렁에서 나올 길은 오직 아버지의 품으로 돌아가는 것뿐이다. 하지만 그것이 말처럼 간단하지 않다. 무조건 돌아간다고 될 일만은 아니다. 만약 이전과 같은 정신 상태로 돌아간다면 같은 일이 반복될 뿐이다. 무엇이 잘못되었는지 뼈저리게 깨닫고 돌아가야 한다.

그래서 예수님은 탕자의 각성을 상세히 묘사하셨다. 먼저 그는 자신의 배은망덕을 깨달았다. "내 아버지에게는 양식이 풍족한 품꾼이 얼마나 많은가 나는 여기서 주려 죽는구나"(눅 15:17). 비로소 그는 아버지 품에서 누렸던 사랑의 크기를 깨달았다. 그의 배은망덕은 교만에서 비롯되었다. 아버지의 사랑과 관대하심이 너무 커서 감사하지 않고 되려 우쭐댄 것이다. 이런 교만은 끝내 아버지와 자신의 위치를 역전시켜 버렸다. 자신이 명령하고 아버지는 그런 자기의 요구를 따라야 할 존재로 인식한 것이다.

하지만 자신의 끔찍한 죄악을 깨닫고 탕자는 마침내 정신을 차렸다. 그래서 이렇게 고백한다. "지금부터는 아버지의 아들이라 일컬음을 감당하지 못하겠나이다 나를 품꾼의 하나로 보소서"(눅 15:19, 21). 이것은 그의 돌이킴이 곧 교만의 탈피요 겸손의 회복임을 나타낸다.

따라서 예수님은 탕자의 회개를 통해 무서운 경고를 하시는 중이다. 믿는 자가 가장 저지르기 쉬운 죄악은 배은망덕과 교만이다. 하나님과 원수 된 자리에서 받은 은혜를 망각하고 넘지 말아야 할 선을 넘는 것이다.

우리의 신앙세계를 한번 돌아보자. 누가 주인이고 누가 종인지를 잊어버리고 탕자처럼 거침없이 주인에게 명령하는 경우가 얼마나 많은가. 예배당에서 하나님을 향해 '주인님'을 삼창하고 곧이어 그분에게 명령을 쏟아내는 종들이 얼마나 많은가. 이 모두가 우리가 의식조차 못 하고 빠지는 타락이다. 주님은 지금 탕자의 회개를 통해 이것을 깨닫게 하시는 중이다.

그래서 탕자의 비유는 잠시 뒤에 나오는 '종과 주인의 비유'(눅 17:7-10)로 이어진다. 종이 주인에게 순종하는 것은 당연하고 칭찬들을 일조차 아니라고 주님은 강조하신다. "명한 대로 하였다고 종에게 감사하겠느냐"(눅 17:9)라는 일갈이 우리의 정곡을 찌른다. 주님은 "명령받은 것을 다 행한 후에 이르기를 우리는 무익한 종이라 우리가 하여야 할 일을 한 것뿐이라 할지니라"(눅 17:10)고 가르치셨다. 이것이 사랑과 은혜를 올바로 받은 자의 태도이다.

따라서 탕자의 비유는 이미 아버지 품에 한번 안겼던 자들을 향하고 있다. 이것은 이전의 두 비유도 마찬가지다. 잃은 양도 드라크마도 모두 신앙 공동체에 한번 속했던 자들이다. 그들이 이탈하면 당연히 찾아야 하고 그것이 교회와 목양자들의 사명이다. 하지만 주님은 탕자의 비유에서 여기에 두려운 한계선을 긋고 계신다. 아무리 애써도 되찾을 수 없을 만큼 멀리 가버리는 죄인도 있다는 말이다.

이론적으로는 고개가 갸우뚱해지지만, 현실적으로 유사한 사례가 주위에 널렸다. 당시 예수님을 쫓아다니던 무리나, 50여 년 뒤에 이 비유를 읽던 누가네 교회에서나, 2천 년이 지난 현대의 교회에서나, 한때 믿음을 가졌다가 세상으로 돌아가 버린 사례는 얼마든지 있다. 그중에는 타락의 강도가 심하여 아무리 권면해도 돌이키지 않는 자들도 많다. 그들은 이미 들판과 집 안을 벗어나 목자와 여인의 손이 닿지 못할 먼 나라로 가버린 탕자들이다.

이런 자들에 대해 예수님이 더 구체적으로 언급하신 적이 있다. 마태복음에 보면 교회의 일원이 죄를 범했을 때, 여러 차례 권면한 후 결국 이렇게 하라고 명령하셨다.

> 만일 그들의 말도 듣지 않거든 교회에 말하고 교회의 말도 듣지 않거든 이방인과 세리와 같이 여기라(마 18:17).

이 말씀은 흥미롭게도 마태복음의 '잃은 양 비유'(마 18:12-14, 누가복음과 동일한 내용) 다음에 나온다. 이러한 순서는, 찾을 만한 양에 대한 비유 다음에 도저히 못 찾을 만큼 타락한 죄인에 대한 가르침이 나와야 할 때, 누가는 탕자의 비유를 마태는 이 권면을 선별해서 사용한 흔적이다. 즉 두 본문 모두 같은 종류의 죄인, 갈 데까지 가버린 이탈자를 가리키고 있다는 말이다.

하지만 이것이 탕자의 비유의 결론은 당연히 아니다. 예수님의 진짜 의도는, 이처럼 악독하고 버림받아 마땅한 죄인에게도 하나님의 품은 활짝 열려 있다는 것이다. 잃은 양과 한 드라크마의 수준을 훨씬 넘어서, 교회가 도저히 손쓸 수 없는 지경에 이른 죄인이라도 만약 회개하고 돌아오면 하나님은 받아 주신다. 예수님은 이처럼 죄인에게 한량없는 하나님의 사랑을 말씀하고 계신다.

따라서 이 비유는 결국 교회에 남아 있는 우리를 겨냥한다. 누군가 이해할 수도 용서할 수도 없는 크나큰 죄를 내게, 혹은 교회에게 지었다고 해도 그가 만약 회개하고 돌아오면 받아 주라는 것이다.

그래서 이 비유는 크나큰 도전이다. 얼마나 우리는 관대하지 못한가. 작은 상처와 손해에도 용서의 문은 굳게 닫힌다. 예수님은 이러한 우리에게 신앙의 본질과 정점을 바라보라 하신다. 하나님은 원수된 너희 인간들을 그렇게 취급하지 않으셨다고, 누구라도 하나님의 사랑을 믿고 돌아오면 아버지의 품은 항상 열려 있다고, 그러니 그 사랑을 받은 너희 교회도 너희에게 죄지은 자들에게 그렇게 해야 한다고 말이다.

따라서 이 가르침은 다시 잠시 뒤에 나오는 "만일 하루에 일곱 번이라도 네게 죄를 짓고 일곱 번 네게 돌아와 내가 회개하노라 하거든 너는 용서하라"(눅 17:4)는 명령과 연결된다. 어느 미국 목사님이 이 구절을 실감 나게 표현하는 것을 들은 적이 있다. 누군가 갑자기 내 뺨을 때리고 가버린 뒤에 잠시 후 찾아와서 사과를 했다. 만약 이런 일이 일곱 번 반복된다면 과연 그를 용서할 수 있을까? 현실적으로는 적용이 거의 불가능하다.

탕자의 범죄도 그랬다. 아버지의 입장에서나, 비유를 듣는 청중의 입장에서 그는 이미 용서받을 선을 훌쩍 넘었다. 하지만 주님은 그래도 용서하라고 하신다. 왜냐하면 아버지는 그 어떤 죄인의 회개도 기꺼이 받아 주시기 때문이다.

그래서 이 비유는 당시의 누가 공동체와 지금 우리 교회에게 거대한 도전으로 다가온다. 하지만 왜 우리가 그렇게 해야 하는지를 이미 탕자의 회개 속에 보여 주셨다. 구원받은 죄인이 하나님을 향해 어떤 자세로 살아야 하는지, 이를 망각하여 배은망덕하고 교만한 것이 얼마나 비참한 것인지를 말이다.

결국 탕자의 비유는 내가 받은 하나님의 사랑의 본질을 깨우치면서 동시에 내가 용서할 수 없는 죄인까지도 용서하라는 명령이다. 어떤 작가도 쉽게 구성할 수 없는 영적인 세계의 다각적인 메시지를 예수님은 이 간결한 이야기에 선명히 담아 주고 계신다.

하나님의 사랑을 깨달으면 우리도 아버지처럼 죄인을 용서함이 마땅하다. 결론적으로 이 모두는 예수님이 누가복음에서 강조 또 강조해 오신 가르침을 생생한 비유로 다시 한번 말씀하신 것이다.

> 너희가 만일 선대하는 자만을 선대하면 칭찬받을 것이 무엇이냐 죄인들도 이렇게 하느니라 너희가 받기를 바라고 사람들에게 꾸어 주면 칭찬받을 것이 무엇이냐 죄인들도 그만큼 받고자 하여 죄인에게 꾸어 주느니라 오직 너희는 원수를 사랑하고 선대하며 아무것도 바라지 말고 꾸어 주라 그리하면 너희 상이 클 것이요 또 지극히 높으신 이의 아들이 되리니 그는 은혜를 모르는 자와 악한 자에게도 인자하시니라 너희 아버지의 자비로우심같이 너희도 자비로운 자가 되라 비판하지 말라 그리하면 너희가 비판을 받지 않을 것이요 정죄하지 말라 그리하면 너희가 정죄를 받지 않을 것이요 용서하라 그리하면 너희가 용서를 받을 것이요 주라 그리하면 너희에게 줄

것이니 곧 후히 되어 누르고 흔들어 넘치도록 하여 너희에게 안겨 주리라 너희가 헤아리는 그 헤아림으로 너희도 헤아림을 도로 받을 것이니라(눅 6:33-39).

우리가 우리에게 죄지은 모든 사람을 용서하오니 우리 죄도 사하여 주시옵고(눅 11:4).

# 탕자의 형은 누구일까?

탕자의 비유는 두 부분으로 나뉜다. 전반부에는 둘째 아들, 후반부에는 맏아들의 이야기가 이어진다. 문제는 맏아들의 정체이다. 모든 비유에는 상징이 있다. 둘째 아들은 교회가 다시 받아들이기 힘들 정도로 타락한 죄인이면서 동시에 우리 믿는 자들의 정체성을 반영한다. 하지만 아버지의 집에 남아 있던 맏아들의 정체는 상당히 모호하다.

많은 사람들이 이 맏아들을, 비유가 나온 당시 상황에 비추어 '바리새인과 서기관들'(눅 15:2)로 본다. 이 견해는 표면상 어느 정도 일리가 있다. 바리새인과 서기관이 세리와 죄인을 정죄했던 것처럼 형에게도 탕자를 부정적으로 보는 분위기가 있기는 하다.

하지만 이 해석을 덥석 받아들이기에는 찜찜한 부분이 매우 많다. 형에 대한 예수님의 묘사에 의아한 부분이 많기 때문이다. 이걸 다 무시하고 정황상의 이유로 전체를 속단하는 것은 성실한 해석이 아니다.

가장 주목할 것은 누가복음이 평가하는 바리새인의 모습이 맏아들의 모습에서 전혀 발견되지 않는다는 것이다. 물론 어떤 학자들은 복음서들 중에 그나마 누가복음이 바리새인과 서기관에 대해 덜 비판적이라고 말한다. 하지만 그건 말 그대로 '그나마'이다. 예수님이 누가복음에서 바리새인에 대하여 실제로 하신 말씀들을 보라.

> 너희 바리새인은 지금 잔과 대접의 겉은 깨끗이 하나 너희 속에는 탐욕과 악독이 가득하도다(눅 11:39).
>
> 화 있을진저 너희 바리새인이여 너희가 박하와 운향과 모든 채소의 십일조는 드리되 공의와 하나님께 대한 사랑은 버리는도다(눅 11:42).
>
> 화 있을진저 너희 바리새인이여 너희가 회당의 높은 자리와 시장에서 문안받는 것을 기뻐하는도다 … 너희는 평토장한 무덤 같아서 그 위를 밟는 사람이 알지 못하느니라(눅 11:43-44).
>
> 제자들에게 말씀하여 이르시되 바리새인들의 누룩 곧 외식을 주의하라(눅 12:1).

이것들은 모두 탕자의 비유 이전에 하신 말씀들이다. 예수님의 시각에서 바리새인은 정말 악한 죄인이다. 하지만 이처럼 그들을 야단치고 저주하신 주님의 마음이 맏아들에게는 전혀 반영되지 않았다. 오히려 탕자의 형은 드물게 착한 아들로 등장한다. 그에게서 발견되는 부정적인 요소는 딱 하나다. 동생이 돌아왔을 때 아버지가 살진 송아지를 잡고 잔치를 하는 것에 대해 "그가 노하여 들어가고자 하지 아니하거늘"(눅 15:28)이라는 부분이다. 보통 이것으로 '아들 주제에 감히 아버지께 노하다니 정말 나쁘구먼'이라고 속단한다.

하지만 엄밀히 말하면 이 분노는 죄악이 아니다. 합당한 이유로 노하는 것은 자연스러운 일이다. 분노 후에 어떤 행동을 하는지가 죄냐 아니냐를 결정한다. 성경은 "분을 내어도 죄를 짓지 말며 해가 지도록 분을 품지 말고 마귀에게 틈을 주지 말라"(엡 4:26-27)고 명한다. 여기 나오는 '분을 내다'의 헬라어 단어는 맏아들의 '노하여'와 같은 단어인 '오르기조'이다. 따라서 성경적으로 맏아들의 상태는 아직 죄를 지은 것이 아니다.

만약 맏아들이 분노를 실행에 옮겨 잔치자리에서 잔이라도 하나 던져 깼다면 그건 죄가 맞다. 하지만 설령 그랬다 해도 주변인들 상당수가 그의 심정을 이해했을 법하다. 유산상속까지 마친 장자가 자기 집에서 그 정도 어필할 자격은 있지 않느냐고 말이다.

하지만 맏아들은 그러지도 않았다. 그가 보인 분노의 최대치는 그냥 집에 안 들어가려고 한 것뿐이다. 우리 식으로 말하면 소심하게 삐친 정도다. 그러니 이 비유를 듣던 예수님 당시의 무리나 나중에 글로 읽었을 누가네 교인들이 맏아들을 패륜적인 존재로 인식했을 리는 만무하다.

무엇보다 비유의 최종 악당이 맏아들이라면 어떤 면에서 예수님은 이야기에 실패하신 것이다. 그토록 악한 탕자도 용서를 받았는데 이렇게 착한 아들이 죄인이라는 결말은 청중의 공감을 얻기 힘들다.

실제로 탕자의 형은 정말 좋은 아들이었다. 그는 아버지께 "내가 여러 해 아버지를 섬겨 명을 어김이 없거늘"(눅 15:29)이라고 말한다. '여러(투스토스) 해'라고 번역했지만 본래의 뜻은 '이만큼 많은(투스토스) 해'이다. 예수님이 가버나움 백부장의 믿음을 보시고 "이만한 믿음은 만나 보지 못하였노라"(눅 7:9) 하셨을 때의 "이만한"(투수토스, 즉 이만큼 많은)과 같은 단어이다. 그래서 많은 영어성경들이 '이 많은 햇수를'(these many years)이라고 번역한다.

착한 맏아들은 오랜 세월 동안 변함없이 아버지를 섬겼다. 대충대충이 아니라 말 그대로 '종처럼 섬겼다'(둘류오). 이 단어는 바울서신에서 자주 '종노릇하다'(롬 6:6; 갈 4:8 등)로 번역된다. 게다가 그는 아버지의 명령을 거스른 적도 없었다.

그런 그가 아버지께 "내게는 염소 새끼라도 주어 나와 내 벗으로 즐기게 하신 일이 없더니"(눅 15:29)라고 고백한다. 이것은 그도 유산 상속을 받았지만 그것을 자기 임의로 사용한 적이 없었다는 증거이다. 만약 예수님이 맏아들을 부정적인 인물로 의도하셨다면 그의 고백들이 거짓이라는 폭로가 어떤 식으로든 나와야 한다. 하지만 아버지는 맏아들의 말을 모두 수용하고 아무 이의도 제기하지 않는다.

이처럼 맏아들은 아버지를 진실하게 섬겨 왔다. 심지어 동생이 돌아왔을 때조차 밭에서 일하고 돌아오는 길이었다. 이쯤 되면 우리는 충격을 받는다. 탕자인 둘째와 비교할 수도 없는 착한 아들이다. 어쩌면 둘째를 잃은 아버지가 견딜 수 있었던 것도 이렇게 착한 아들이 한 치의 삐딱함 없이 옆에서 섬겼기 때문일 것이다. 그러니 독자의 입장에서 맏아들의 분노는 공감이 간다. 화를 안 내면 이상할 정도다.

이런 정황에서 보면, 맏아들이 곧 바리새인과 서기관이라는 말을 함부로 할 수가 없다. 더 큰 이유는 맏아들의 불평을 듣는 아버지의 태도에서 드러난다. 그가 불만에 싸여 집에 들어가려 하지 않는 순간, 아버지가 직접 나와서 그를 권한다(눅 15:28).

누가복음에 여섯 번 더 나오는 '권하다'(파라칼레오)는 절박하면서 정중한 표현이다. 이 단어는 '간구하다'(눅 8:31, 32, 41)로 세 번, '위로하다'(눅 16:25)로 한 번 번역되었다. 아버지는 맏아들을 위로하며 달래려고 했지 어디서 감히 망발이냐는 식으로 대하지 않았다. 오히려 더 놀라운 말씀을 이어 가신다.

> 얘 너는 항상 나와 함께 있으니 내 것이 다 네 것이로되 이 네 동생은 죽었다가 살아났으며 내가 잃었다가 얻었기로 우리가 즐거워하고 기뻐하는 것이 마땅하다(눅 15:31-32).

이 속에는 맏아들에 대한 극찬이 들어 있다. 아버지는 맏아들을 '항상 자신과 함께하는 존재'로 인정한다. 쾌락을 위해 멀리 떠나 버렸던 둘째와 전혀 다름을 인정한 것이다. 아버지는 둘째가 떠났을 때 죽은 것으로 여겼다. 하지만 맏아들은 아버지 곁에 항상 살아 있는 존재다. 그러므로 자기의 모든 소유가 곧 맏아들의 것이라고 말한다.

결국 '너는 동생과 레벨이 다르고 나와 동등하다'는 고백이다. 비록 지금 잔치자리에 가락지를 끼고 앉은 탕자가 주인공인 것 같지만, 사실 이 모든 기쁨의 주체는 바로 너라는 말이다. 탕자의 비유는 정확히 여기서 끝난다. 이런 식의 결말도 맏아들이 바리새인과 서기관을 상징할 수 없다는 증거이다.

그렇다면 맏아들은 누구인가? 누가복음에서 이 비유를 읽던 독자의 입장이 되어 보면 비밀의 문이 열린다. 당시 누가네 교인들은 탕자의 비유를 들으면서 어떤 느낌을 받았을까? 직전에 나온 잃은 양과 드라크마 비유를 읽으면서는 사역자들이 교회를 떠난 사람들을 열심히 찾아오는 장면을 연상하며 기꺼이 공감했을 것이다. 하지만 그런 이탈자들 중에 회중이 도저히 공감할 수 없는 극악한 죄인이 있다면 문제는 좀 달라진다.

어느 시골교회에 한 사람이 나타났다. 잘생긴 외모에 신앙도 좋아 보였고 듣기 좋은 서울말까지 구사하여 촌사람들에게 큰 호감을 얻었다. 하지만 어느 날 그가 사라지고 교회가 발칵 뒤집혔다. 많은 교인들이 그에게 돈을 빌려 주었던 것이다. 그중에는 상당한 액수를 사기당해 치를 떠는 교인들도 있었다. 하지만 그는 완전히 사라졌고 사람들은 포기할 수밖에 없었다. 워낙 오래전 일이라 고소가 진행되었는지는 모르겠지만 결국 교회는 한때 식구였던 그를 이방인과 세리처럼 여겨야만 했다.

그런데 (이제부터는 가정이다) 세월이 꽤 흐른 어느 날 그가 다시 돌아와서 자신이 돈 갚을 형편은 못 되지만 회개하니 다시 교회에 받아 달라고 하면 어떤 일이 벌어질까? 그 와중에 목사님도 나서서 "여러분, 주님의 사랑으로 이 형제를 용서합시다"라고 한다면 사람들이 쉽게 아멘 하고 받아들일까? 손해를 안 본 이들 중에는 그러자는 사람도 있을 수 있지만, 대부분은 일단 거부할 것이다.

그런 상황인데도 지도자들이 그를 받아 주고 심지어 환영하고 격려한다면 어떤 일이 벌어질까? 온 교회가 큰 불만에 휩싸일 것이다. 목사님에게 따지는 사람도 당연히 있을 것이다. 나는 이렇게 오래 교회를 섬기며 희생했는데 우리 애들 머리 한번 안 쓰다듬어 주더니 저 못된 놈한테는 왜 이리 친절하냐고 말이다.

그러면 지도자가 뭐라고 말할 수 있을까? "권사님, 저 사람과 권사님이 어찌 비교가 됩니까? 권사님은 우리 교회의 어머니시고 하나님이 권사님께 이 양 떼를 맡기신 것 아닙니까? 그러니 우리 하나님의 마음으로 저 죄인의 회개를 기뻐해야 하지 않겠습니까"라고 하지 않겠는가?

예수님이 맏아들을 등장시킨 이유가 여기에 있다. 하나님의 사랑은 만인에게 열려 있다. 극악한 탕자까지 다 받아 주신다. 하지만 그 과정에 불만을 느낄 교인들도 있다. 예수님은 지금 그들을 위로하시는 중이다. 충성되고 착한 너는 저 죄인과 비길 수 없는 존재라고 말이다. 항상 아버지의 마음을 이해해 온 너는 이미 나의 동역자라고, 그러니 우리가 한마음으로 죽었다가 살아난 저 죄인을 기쁘게 환영하자고 말이다. 결국 이런 메시지를 맏아들을 통해 교회에게 주고 계신 것이다.

하지만 이 해석으로 모든 것을 종결하기에도 미진한 부분이 있다. 아버지가 하나님이시라면 맏아들에게 "너는 항상 나와 함께 있으니 내 것이 다 네 것이로되"(눅 15:31)라고 하신 말씀은 아무래도 과한 느낌이 있다. 물론 이것을 성도에게 적용하는 것이 불가능하지는 않다. 예수님께서도 이미 "적은 무리여 무서워 말라 너희 아버지께서 그 나라를 너희에게 주시기를 기뻐하시느니라"(눅 12:32)고 하셨기 때문이다.

하지만 그럼에도 아버지의 선언이 인간에게 곧장 적용되기에는 두려움이 앞선다. 아무리 충성된 종이라 해도 인간은 탕자의 비유 밑바닥에 흐르는 배은망덕과 교만의 죄에서 자유롭지 못하다.

그렇게 보면 맏아들의 입에서 나온 자신감 넘치는 말들도 우리에게 쉽게 적용하기 힘들다. 누가 감히 하나님 앞에서 내가 이토록 오래 한 치의 사심도 없이 순종을 다하였다고 공언할 수 있을까. 나아가 그 말을 들으시고 하나님이, "맞다. 너는 항상 나와 함께하며 내 모든 것을 공유하는 존재다"라고 대답하실 수 있을까.

이 수준이 가능한 자는 오직 한 분, 지금 탕자의 비유를 말씀하시는 예수님뿐이다. 제아무리 충성된 성도라도 하나님의 아들을 통하지 않고는 아버지께 이런 명예를 얻을 수 없다. 그래서 예수님은 제자들에게 이렇게 말씀하셨다.

> 너희는 나의 모든 시험 중에 항상 나와 함께한 자들인즉 내 아버지께서 나라를 내게 맡기신 것같이 나도 너희에게 맡겨 … 보좌에 앉아 이스라엘 열두 지파를 다스리게 하려 하노라(눅 22:28-30).

여기서 예수님은 아버지의 유산을 먼저 받아 우리에게 전달하시는 역할을 하신다. 그리고 이런 말씀도 하셨다. "내 어머니와 내 동생들은 곧 하나님의 말씀을 듣고 행하는 이 사람들이라"(눅 8:21). 여기서 성도는 예수님과 한 가족 한 형제로 묶인다. 신약성경은 예수님이 우리의 맏형이라는 사상을 자주 보여 준다.

> 하나님이 미리 아신 자들을 또한 그 아들의 형상을 본받게 하기 위

하여 미리 정하셨으니 이는 그로 많은 형제 중에서 맏아들이 되게 하려 하심이니라(롬 8:29).

거룩하게 하시는 이와 거룩하게 함을 입은 자들이 다 한 근원에서 난지라 그러므로 형제라 부르시기를 부끄러워하지 아니하시고(히 2:11).

그러므로 그가 범사에 형제들과 같이 되심이 마땅하도다 이는 하나님의 일에 자비하고 신실한 대제사장이 되어 백성의 죄를 속량하려 하심이라(히 2:17).

예수님은 본래 하나님과 동등하고 일체이신 분이다. 주님은 "태초에 … 하나님과 함께 계셨"으며(요 1:1), 세상에 오신 후에도 "내가 혼자 있는 것이 아니라 아버지께서 나와 함께" 계신다(요 16:32)고 말씀하셨다. 또한 "내 아버지께서 모든 것을 내게 주셨"다(눅 10:22)고 선언하셨다. 이런 사상이 아버지가 맏아들에게 하신 "너는 항상 나와 함께 있으니 내 것이 다 네 것"(눅 15:31)이라는 구절에서 발견된다.

그렇다면 예수님은 지금 맏아들의 모습에 은근히 자신을 투영하고 계신 것은 아닐까? 탕자 같은 인간을 기꺼이 받아 주시는 아버지의 구원 사역에서 가장 억울한 이는 바로 본인이시라고 말이다. 무슨 불경한 소리냐고 할지 모르지만 이 추측은 매우 성경적이다.

주님의 눈에 우리 인간들이 얼마나 더러운 존재인가. 그런데 이 탕자 같은 존재들을 위해 아버지는 나를 십자가에 죽으라고 하신다. 예수님의 십자가 사건이 진실로 아버지에 대한 순종이었다면 주님께 전혀 억울한 마음이 없으셨을까? 그렇지 않다. 어쩌면 우리 생각보다 훨씬 더 차고 넘치셨을 것이다.

그런 흔적이 성경 곳곳에서 발견된다. 주님은 이렇게 말씀하셨다. "나는 받을 세례가 있으니 그것이 이루어지기까지 나의 답답함이 어떠하겠느냐"(눅 12:50). "답답함"이라고 번역된 '쉰엑코'는 본래 '강하게 압박당해서 꼼짝 못 하는 상태'를 의미한다. 실제로 주님이 체포되자 "지키는[쉰엑코] 사람들이 예수를 희롱하고 때리며"(눅 22:63) 모욕하였다. "지키는 사람들"이 위와 동일한 '쉰엑코'로 표현된 것은 이들이 예수님의 팔다리를 꼼짝 못 하게 압박한 상태에서 구타를 가했다는 말이다.

십자가에 못 박혀 죽을 사명 때문에 주님의 마음은 늘 답답하셨다. 그런 운명을 앞두고 마음 편한 사람이 어디 있겠는가? 인간으로 오신 예수님은 "우리와 똑같이 시험을 받으신" 분(히 4:15)이셨다. 그러니 엄청난 압박감에 시달리셨을 것이다.

주님은 십자가를 앞두고 이런 말씀도 하셨다. "지금 내 마음이 괴로우니 무슨 말을 하리요 아버지여 나를 구원하여 이때를 면하게 하여 주옵소서"(요 12:27). 지금 우리가 신나게 찬양하는 십자가가 예수님께는 피 말리는 두려움과 고민이었다.

주님의 답답함의 정점은 체포 직전의 감람산이었다. 마가복음은 이때 예수님께서 "내 마음이 심히 고민하여 죽게 되었"다(막 14:34)고 고백하셨음을 전한다. 누가복음은 더 기막힌 사실 몇 가지를 묘사하고 있다.

> 아버지여 만일 아버지의 뜻이거든 이 잔을 내게서 옮기시옵소서 그

러나 내 원대로 마시옵고 아버지의 원대로 되기를 원하나이다 하시니 **천사**가 하늘로부터 예수께 나타나 힘을 더하더라 예수께서 힘쓰고 애써 더욱 간절히 기도하시니 땀이 땅에 떨어지는 **핏방울**같이 되더라(눅 22:42-44).

예수님의 땀들이 지금 핏방울로 묘사되고 있다. 말 그대로 피땀과 피눈물이다. 주님의 고뇌와 두려움이 이토록 크셨다는 의미이다. 이 피땀 속에서 주님은 '대체 내가 왜 십자가에서 죽어야 하는가'를 자문하지 않으셨을까? '저 탕자 같은 인간들 때문에 왜 내가 끔찍하게 죽어야 하는가' 하는 억울한 마음이 들지 않으셨을까? '도대체 인간이 뭐기에 아버지는 나를 죽이실 만큼 아끼고 사랑하시는 걸까' 싶은 마음도 들지 않으셨을까? 육체를 입고 오신 예수님은 분명히 이것을 느끼셨을 것이다.

하지만 주님의 땀과 피는 또한 아버지의 뜻을 따르기 위한 결단의 몸부림이었다. 태초부터 하나님과 함께하신 예수님은 육체로 오신 후에도 아버지의 명을 거스르지 않으려고 온 힘을 다하셨다. 그때 하늘에서 천사가 내려와 힘을 더해 주었다고 누가복음은 말한다. 하나님은 그 천사를 통해 무슨 말씀을 전해 주셨을까? 혹시 이런 말씀이 아니었을까? "나와 항상 함께하며 모든 것을 공유하는 아들아, 가련한 인간들을 살리는 일에 우리가 함께 기뻐함이 마땅하지 않겠느냐?"

결국 예수님은 아버지의 뜻을 따라 십자가를 지셨다. 하지만 땅에 계시는 동안 이런 답답한 심경이 예수님께 실제로 있었다면 혹시 탕자의 비유를 말씀하실 때 슬며시 한번 반영하지 않으셨을까? 본인의 죽음이 얼마나 두려운 결단이었는지, 아버지의 사랑을 이루기 위해 얼마나 억울한 길을 가셔야 했는지, 맏아들의 억울함을 묘사할 때 조금 집어넣고 싶지 않으셨을까? 우리가 믿는 대로, 이 비유가 예수님이 실제로 하신 말씀이라면 말이다.

# 베데스다 연못의 실체는 무엇일까?

예수님은 베데스다 연못에서 38년 된 병자를 고치셨다. 38년이라는 긴 세월이 무서운 고통을 대변해 준다. 세월이 쌓일수록 그의 인생에서 희망이 사라졌을 것이다. 어떻게 보면 이것은 우리 모두의 이야기다. 우리 역시 세상에 내던져져 세월 속에서 고군분투하다 죽는 인생이기 때문이다. 베데스다의 치유 사건은 이 허무의 굴레에 묶인 인간을 찾아와 치유와 영생을 베푸신 예수님의 사랑을 보여 준다. 참 귀한 본문이다.

하지만 요한복음은 이런 메시지 말고도 훨씬 많은 것을 이 사건 속에 감추고 있다. 그 행간의 진리에 이르려면 일단 몇 가지 선입견을 배제할 필요가 있다. 먼저 베데스다 연못의 위치이다. 요한복음은 베데스다가 "예루살렘에 있는 양문 곁"에 있었다(요 5:2)고 말한다. 여기서 "양문"(羊門)은 말 그대로 '양의 문'을 의미한다. 그러다 보니 이 본문을 "나는 양의 문"(요 10:7)이라는 예수님의 선언과 연결하는 경향이 있다. 그 당시 '양의 문'은 성전으로 제물을 옮기는 통로였기에 이런저런 적용들이 여기에 더해진다.

하지만 이것은 섣부른 해석이다. 베데스다 본문의 '양문'과 예수님이 말씀하신 '양의 문'은 전혀 다른 단어를 사용하고 있기 때문이다. 예수님의 '양의 문'은 '헤 뛰라 톤 프로바톤'이지만 베데스다 본문의 '양문'은 한 단어인 '프로바티코스'이다. 이를 직역하면 '양과 관련된 어떤 것'이란 뜻이다. 따라서 베데스다의 정확한 위치는 두 가지 가능성을 갖는다. 성전으로 들어가는 '양문' 곁에 '양의 시장'도 함께 있었기 때문이다. 그래서 킹제임스성경(KJV)은 '양문' 대신에 '양의 시장'(sheep market)이라고 번역한다.

그렇다면 둘 중 어느 것이 요한복음의 의도에 맞을까? 아마도 '양의 시장' 쪽인 것 같다. 만약 요한복음이 베데스다의 위치를 예수님의 말씀과 연관시키고 싶었다면 일부러라도 같은 표현을 썼을 것이다. 알다시피 요한복음은 많은 상징과 의도를 품고 있는 책이다. 그런데도 예수님의 '양의 문'이란 표현과 전혀 다르게 '프로바티코스'라고 한 단어만 쓴 것은 오히려 둘을 연관시키지 않으려는 의도로 보인다.

또 하나는 "거기 행각 다섯"이 있었다(요 5:2)는 증언이다. 간혹 이런 표현이 등장하면 숫자풀이를 하려는 경향이 있는데 별 의미 없는 일이다. 오히려 이 다섯 개의 행각은 고고학적으로 큰 의미가 있다. 19세기 후반까지 베데스다 연못의 실체를 안 믿는 사람들이 많았다. 그러다 1888년에 이 연못이 발견되었는데 정말로 다섯 개의 기둥이 있어서 요한복음의 정확성이 입증되었다.

그런데 1956년에 더 본격적으로 발굴을 하자 베데스다 연못의 완전한 모습이 드러났다. 기존의 생각과 달리 이 연못은 두 개의 저수장을 가진 쌍둥이 풀장 형태였고 크기도 엄청나서 각각 '52×40'미터, '57×48'미터나 되었다.

이러한 발견으로 본문 해석에 심각한 문제가 발생했다. 당시 로마 제국에는 '아스클레피에이온'이라는 거대한 종합병원이 주요 도시마다 있었다. 의술의 신인 '아스클레피오스'의 신전 형태로 지어진 이 병원들은 수(水)치료를 중시해서 큰 저수장과 치료용 샘물 등을 갖추고 있었다. 베데스다의 발굴로 이러한 종합병원이 당시 예루살렘에도 존재했을 가능성이 생긴 것이다. 예루살렘도 당시 로마의 주요 식민 도시였고 "그 안에 많은 병자"(요 5:3)들이 있었다는 증언 역시 이런 추정을 가능케 한다. 따라서 '베데스다'(베이트 + 헤세드 = 자비의 집)가 말하는 자비가 하나님의 것이 아니라 로마 신의 것일 확률이 생긴 것이다.

또 하나 중요한 것은 그 당시 베데스다 연못이 품고 있는 전설이다. 예수님의 치유 이전부터 베데스다에는 이미 기적의 전설이 있었다. 요한복음은 이렇게 말한다.

> 그 안에 많은 병자, 맹인, 다리 저는 사람, 혈기 마른 사람들이 누워 [물의 움직임을 기다리니 이는 천사가 가끔 못에 내려와 물을 움직이게 하는데 움직인 후에 먼저 들어가는 자는 어떤 병에 걸렸든지 낫게 됨이러라](요 5:3-4).

천사의 기적 이야기가 괄호 안에 담긴 것은 이 부분이 없는 사본들도 존재하기 때문이다. 하지만 38년 된 병자가 "물이 움직일 때에 나를 못에 넣어 주는 사람이 없"다(요 5:7)고 고백한 것을 보면 이 전설이 연못에 존재했음은 분명하다.

많은 병자들이 물의 움직임을 기다린 것을 보면 이것은 당시 환자들에게 큰 희망이었던 것 같다. 그때는 지금 같은 과학 의술시대가 아니었다. '아스클레피에이온' 자체가 신전이었다는 것에서도 알 수 있듯이 수많은 미신적인 치료가 성행했고 '물이 동하는 이야기'도 그중 하나일 가능성이 높다.

그럼 혹자는 '천사'가 왜 나오냐고 따질 것이다. 하나님이 보내셨으니 천사가 나오는 것 아니냐고 말이다. 신약성경의 '천사'는 헬라어로 '앙겔로스'인데, 반드시 하나님의 선한 일꾼으로만 등장하지는 않는다. 예수님은 "마귀와 그 사자들[앙겔로스]"(마 25:41)이라는 표현을 사용하셨고, 바울 역시 "사탄도 자기를 광명의 천사[앙겔로스]로 가장하나니"(고후 11:14)라면서 "사탄의 사자[앙겔로스]"(고후 12:7)라는 표현을 사용하였다.

따라서 베데스다의 천사를 반드시 긍정적으로 볼 이유는 없다. 무엇보다 이 천사의 작태를 보면 더욱 그렇다. 38년 된 병자나 본문 속의 "많은 병자, 맹인, 다리 저는 사람, 혈기 마른 사람들"(요 5:3)은 모두 불쌍한 자들이다. 동병상련이라고, 병자의 마음은 병자가 제일 잘 안다. 아마 베데스다에 모인 환자들은 금세 친해졌을 것이다. 신세 한탄을 하며 서로 위로를 나눴을지도.

하지만 물이 동하는 순간에 모든 것이 뒤집혀 버린다. 그간의 연민은 간곳없이 순식간에 아수라장이 된다. 맹인은 지팡이를 휘저으며, 다리 저는 이는 절뚝거리며, 혈기 마른 자는 몸을 뒤틀면서 먼저 물에 들어가려는 경주가 시작된다. 하나님은 과연 천사를 보내서 이런 아비규환을 즐기시는 분일까?

오히려 베데스다는 우리 인생의 축소판에 가깝다. 평상시에 인간은 서로를 배려하며 평화롭게 지내기를 바란다. 여행가들의 책에도 어딜 가나 착하고 순박한 사람들을 만났다는 이야기가 주를 이룬다. 하지만 그건 여행자로 만나서 그런 것이다. 사람과 사람 사이에 손익문제가 개입되면 180도로 변하는 경우가 허다하다.

자신의 이득을 위해 남을 짓밟고 배신하는 것은 인간 드라마의 변함없는 주제다. 빈손으로 갈 거품 같은 인생이지만 찰나에 조금 더 가지려고 목숨을 건다. 그래서 정작 진짜 영생의 물은 놓치기 일쑤다. 그러니 이 천사는 마귀에게 속한 것이 분명하다. 베데스다의 거품 같은 전설로 인간의 생명을 도둑질하는 중이기 때문이다.

성경은 사탄을 “죽음의 세력을 잡은 자 곧 마귀”(히 2:14)라고 표현한다. 이놈은 욕망과 집착의 올무를 놓아 인간들로 “죽기를 무서워하므로 한평생에 매여 종노릇”하게(히 2:15) 만든다. 진짜로 중요한 “더 나은 본향 … 곧 하늘에 있는 것”(히 11:16)에 이르지 못하게 하여 멸망시키려는 것이다. 그래서 예수님은 “도둑이 오는 것은 도둑질하고 죽이고 멸망시키려는 것뿐”(요 10:10)이라고 폭로하신다.

따라서 세상을 동하는 마귀의 물거품이 아무리 그럴듯해도 거기 매달리면 안 된다. 결정적인 순간에 그놈은 아무 책임도 안 지고 도망가 버린다. 그래서 마귀는 “거짓말쟁이요 거짓의 아비”(요 8:44)이다. 놈의 목적은 오로지 인간의 생명을 빼앗는 것이다. “그는 근본부터 살인자”(요 8:44, 저자 사역)이기 때문이다.

하나님은 이런 인생들을 불쌍히 여기셨다. 그래서 마귀의 거짓이

횡횡하는 세상 한복판에 내려오셨다. 그리고 베데스다의 물거품을 소망하는 병자를 향하여 "네 자리를 들고 걸어가라"(요 5:8)고 명하셨다. 그러자 그는 "곧 나아서 자리를 들고 걸어"갔다(요 5:9). 사탄의 속임수에 매인 이 땅에 드디어 하늘의 구원이 시작된 것이다.

그래서 조금 전 히브리서의 말씀은 이렇게 완성된다. 인간은 "혈과 육에 속하였으매 그[예수님]도 또한 같은 모양으로 혈과 육을 함께 지니심은 죽음을 통하여 죽음의 세력을 잡은 자 곧 마귀를 멸하시며 또 죽기를 무서워하므로 한평생 매여 종노릇하는 모든 자들을 놓아주려 하심이라"(히 2:14-15). 38년 된 병자는 예수님의 사랑으로 이 귀한 기회를 얻은 온 인류의 상징이다. 주님은 이 기쁜 소식을 이렇게 설명하셨다.

> 도둑이 오는 것은 도둑질하고 죽이고 멸망시키려는 것뿐이요 내가 온 것은 양으로 생명을 얻게 하고 더 풍성히 얻게 하려는 것이라(요 10:10).

# 38년 된 병자의 정체는 무엇일까?

예수님을 만나 치료받은 38년 된 병자는 무슨 병을 앓고 있었을까? 정확한 병명은 안 나오지만 중풍(혈기 마른 병)이 아닐까 추측하는 경향이 있다. 거동이 불편해서 "못에 넣어 주는 사람"(요 5:7)이 필요했으며 병이 나은 후에는 "자리를 들고"(요 5:8) 떠났는데, 이 '자리'(크라밧토스, 본래는 '침상')라는 단어가 다른 복음서에서 중풍병자와 연관이 많기 때문이다(마 2:4, 9; 막 2:11, 12 등). 그래서 글쓴이 역시 최근까지도 비슷한 견해를 가지고 있었다.

하지만 본문을 다시 연구하면서 그렇지 않을 가능성을 가지게 되었다. 주님께서 그에게 "더 심한 것이 생기지 않게 다시는 죄를 범하지 말라"(요 5:14)고 하셨기 때문이다. 이 말씀은 그의 질병이 죄와 직결되었음을 보여 준다. 중풍은 범죄와 직접 연결시키기 어렵다.

그래서 살펴보니 주로 난잡한 생활에서 걸리고, 지금처럼 의학이 발달한 상태에서도 자칫 수십 년 넘게 잠복하며 괴롭히다 죽음까지 이르게 만드는 병을 하나 발견할 수 있었다. 바로 매독이다. 매독이 수십 년 지속되면 뇌신경을 침범해서 보행장애 및 사지마비 증상을 일으킨다고 한다.

어쩌면 그는 말기 매독환자였던 것 같다. 이것을 더 확신하게 된 근거는 예수님이 그에게 하신 명령 때문이다. "다시는 죄를 범하지 말라"(메케티 하마르타네)는 명령은 신약 전체에서 한 번만 더 사용되었다. "음행 중에 잡힌 여자를"(요 8:3) 향해 주님은 "다시는 죄를 범하지 말라"(메케티 하마르타네, 요 8:11)고 말씀하셨다. 이런 연관성은 38년 된 환자의 병이 그릇된 성생활에서 비롯되었을 가능성을 높여준다.

어쩌면 그는 생각보다 심각한 죄인이었을 수 있다. 주님께 똑같은 명령을 들은 여인이 돌에 맞아 죽기 직전의 죄인이었음을 볼 때 더욱 그렇다. 그렇다면 예수님이 왜 하필 수많은 병자 가운데 그를 찾아가셨는지 의문이 조금 풀린다. 추악한 세상을 상징하는 베데스다에 주님이 내려 주신 은혜는 단순한 질병 치료가 아니라 죄인들을 향한 구원을 내포한다. 그렇다면 38년 된 병자는 모든 죄인의 대표요 구원받은 자들의 상징이 된다.

하지만 아쉽게도 베데스다 이야기는 해피엔딩이 아니다. 그 병자는 이처럼 큰 복을 받았음에도 자신이 받은 은혜를 간직하지 못했다. 이 사건을 통해서 "유대인들이 예수를 박해하게" 되었다(요 5:16)고 요한복음이 증언하기 때문이다. 이 박해의 출발은 38년 된 병자의 배은망덕에서 촉발되었다.

예수님을 통해 "그 사람이 곧 나아서 자리를 들고 걸어가니라"(요 5:9a)는 증언이 있은 후에 "이날은 안식일"(요 5:9b)이라는 말이 뒤따른다. 이 짧은 한마디가 음산한 복선을 던진다. 유대인의 안식일 법은 "아무 **일**도 하지 말라"(출 20:10)가 바탕이다. 유대인들은 이 '일'을 세분화하여 많은 금지 조항을 만들었다.

그중에는 무화과 열매보다 큰 물건을 옮기면 안 되고, 병자를 치료해도 안 된다는 조항이 있었다. 그런 상황에서 안식일에 치료를 받고 자기 '자리'(침상)를 들고 가는 것이 목격된 것이다. 그러자 유대인들은 병 나은 사람을 향해 "안식일인데 네가 자리를 들고 가는 것이 옳지 아니하니라"(요 5:10)고 말했다.

'옳지 않다'(우크 엑세스틴)는 표현은 일종의 '법정 용어'(요 18:31 참조)이다. 즉 38년 된 환자가 안식일법 위반으로 처벌될 수 있다는 뜻이다. 병자의 회복을 축하하고 함께 기뻐할 순간에 이따위 말을 하는 인간들의 행태는 뭘까. 마귀는 늘 집요하다. 외식으로 본질을 가려 인간에게 내려진 은혜를 도둑질하려 한다. 38년의 중병에서 해방된 기쁨은 이렇게 곧장 시련으로 바뀌고 말았다.

믿음의 길은 자주 이렇다. 예수를 믿으면 만사형통한다지만 현실은 다르다. 주님의 도를 깨달으면 세상과의 마찰을 경험한다. 진리가 세상을 거스르기 때문이다. 그래서 예수님은 말씀하셨다. "너희는 세상에 속한 자가 아니요 도리어 내가 너희를 세상에서 택하였기 때문에 세상이 너희를 미워하느니라"(요 15:19).

그러므로 예수의 사람들은 흔들리면 안 된다. "세상에서는 너희가 환난을 당하나 담대하라 내가 세상을 이기었노라"(요 16:33)는 주님의 선언에 귀 기울여야 한다. 이 선언을 믿고 환난과 위협에도 꿋꿋이 진리를 지켜야 그 승리를 함께 누릴 수 있다.

하지만 이것이 쉽지가 않다. 38년 된 병자는 유대인들의 위협과 추궁에, "나를 낫게 한 그가 자리를 들고 걸어가라 하더라"(요 5:11)고 말했다. 별 문제 없어 보이는 대답 같지만 그렇지 않다. 엄밀히 말하면 이것은 발뺌과 책임 전가다. 위기를 모면하려고 너무 쉽게 은혜 베푼 이를 자기 대신 들이댔다.

이것을 인지하고 보면 그의 치료사건 속에도 이상한 점들이 포착된다. 예수님이 "네가 낫고자 하느냐"(요 5:6)라고 물으셨을 때 그는 베데스다만 바라보고 동문서답을 했다(요 5:7). 본문 어디에도 주님께 매달려 간구한 흔적이 없다. 심지어 나은 뒤에도 감사나 기쁨을 표현한 흔적조차 없다.

수가성 여인은 예수님을 만난 후 "물동이를 버려두고 동네로 들어가 사람들에게" 전도를 하였고(요 4:28), 날 때부터 맹인 된 자는 추궁하는 바리새인들에게 과감한 자세로 맞섰다. 심지어 다시 예수님을 만나자 "주여 내가 믿나이다 하고 절하는"(요 9:38) 자세까지 보인다. 하지만 베데스다의 병자가 최종적으로 보여 준 것은 '책임 전가'와 곧 이어질 '고자질' 뿐이었다.

책임 전가는 당황해서였다 해도 이후의 '고자질'은 이해하기 힘들다. 유대인들이 "너에게 자리를 들고 걸어가라 한 사람이 누구냐"라고 물었을 때 "고침을 받은 사람은 그가 누구인지 알지 못하니 이는 거기 사람이 많으므로 예수께서 이미 피하셨"기(요 5:13) 때문이었다. 하지만 잠시 후 주님이 다시 찾아와 그에게 이렇게 말씀하셨다. "보라 네가 나았으니 더 심한 것이 생기지 않게 다시는 죄를 범하지 말라"(요 5:14). 상식적으로 생각해 보면 이 순간 그는 미처 못 드린 감사를 표하고 방금 겪은 유대인들의 살벌한 분위기를 전하며 조심하시라고 말씀드려야 마땅했다.

하지만 그는 주님의 말씀에 어떤 반응도 보이지 않고 엉뚱하게도 즉시 "유대인들에게 가서 자기를 고친 이는 예수"(요 5:15)라고 일러바쳤다. 조금 전 유대인들에게서 받은 혐의를 벗는 것이 급선무였던 것이다. 결국 이 고자질로 인하여 예수님께 박해와 죽음의 위협이 시작되었다. 요한복음은 이렇게 말한다.

> 그러므로 안식일에 이러한 일을 행하신다 하여 유대인들이 예수를 박해하게 된지라(요 5:16).

여기서 "그러므로"가 중요하다. 원어로 '디아 투토'라는 이 말을 직역하면 '이것을 통하여'이다. '이것'이란 바로 그 병자의 고자질이다.

게다가 그의 밀고는 의아할 정도로 신속했다. 주님께서 미처 피하시기도 전에 유대인들이 우르르 나타났기 때문이다. 결국 예수님은 그들 앞에서 변론을 하셔야만 했다. 그때 예수님은 "내 아버지께서 이제까지 일하시니 나도 일한다"(요 5:17)고 말씀하셨다. 그러자 "유대인들이 이로 말미암아 더욱 예수를 죽이고자" 했는데, 이는 안식일을 범할 뿐만 아니라 하나님을 자기의 친아버지라 하여 자기를 하나님과 동등으로 삼으"셨기 때문(요 5:18)이라고 요한복음은 증언한다.

결국 38년 된 병자의 고자질은 예수님의 죽음의 촉발점이 되었다. 이것은 뒤에서 다시 한번 확인된다. 예수님은 세월이 꽤 흐른 뒤에 유대인들 앞에서 이렇게 말씀하셨다.

> 너희가 어찌하여 나를 죽이려 하느냐 … 내가 **한 가지 일**을 행하매 너희가 다 이로 말미암아 이상히 여기는도다 … 내가 안식일에 사람의 전신을 건전하게 한 것[휘기에스]으로 너희가 내게 노여워하느냐(요 7:19-24).

여기서 우리는 다소 위축되신 예수님의 음성을 느낀다. 주님이 말씀하신 "한 가지 일"이란 '안식일에 사람의 전신을 낫게 한 것'이다. 개역개정은 "건전하게 한 것"으로 번역하고 있는데, '낫게 한 것'으로 바꿔야 한다. '휘기에스'는 요한복음에 다섯 번 더 나오며, 모두 이 38년 된 병자를 낫게 하신 일을 가리킨다(요 5:6, 9, 11, 14, 15). 이 구절에서도 당연히 '안식일에 사람의 전신을 낫게 한 것'은 38년 된 병자를 고치신 일이다.

따라서 베데스다 병자를 고치신 사건은 예수님의 모든 고난의 출발점이 되었다. 그 문을 연 것이 바로 38년 된 병자였다. 그의 고자질 이후로 예수님께는 항상 죽음의 그림자가 따라다녔고 마침내 십자가에서 죽으셨다. 그 과정을 정리하면 다음과 같다.

> 그 사람[38년 된 병자]이 유대인들에게 가서 자기를 고친 이는 예수라 하니라 그러므로[즉, 이 고자질을 통해] … 유대인들이 예수를 박해하게 된지라 … 이로 말미암아 더욱 예수를 죽이고자 하니 … (요 5:15-16, 18).
>
> 예수께서 … 유대에서 다니려 아니하심은 유대인들이 죽이려 함이러라(요 7:1).

대제사장들과 바리새인들이 그를 잡으려고 아랫사람들을 보내니(요 7:32).

그들이 돌을 들어 치려 하거늘(요 8:59).

유대인들이 다시 돌을 들어 치려 하거늘(요 10:31).

그들이 다시 예수를 잡고자 하였으나(요 10:39).

그들이 예수를 죽이려고 모의하니라(요 11:53).

군대와 천부장과 유대인의 아랫사람들이 예수를 잡아 결박하여(요 18:12).

빌라도가 예수를 데려다가 채찍질하더라(요 19:1).

그들이 거기서 예수를 십자가에 못 박을새(요 19:18).

이 죽음의 과정에 가담한 자는 베데스다의 병자만이 아니었다. 또 다른 배신자들도 구석구석에 있었다. 날 때부터 맹인 된 자를 고치셨을 때 바리새인들은 예수님에 대해서 "이 사람이 죄인인 줄 아노라"(요 9:24)는 결론을 내렸다. 이 판결의 계기는 맹인의 치료가 있은 후, 어떤 자들이 굳이 "전에 맹인이었던 사람을 데리고 바리새인들에게"(요 9:13) 찾아갔기 때문이었다. 그냥 함께 껴안고 기뻐하면 될 일에 그를 데려다가 고발한 이유는 "눈을 뜨게 하신 날은 안식일이라"(요 9:14)는 말에 암시되어 있다.

나사로의 부활사건이 있은 뒤에도 "많은 유대인이 그를 믿었으나 그중에 어떤 자는 바리새인들에게 가서 예수께서 하신 일을 알리니라 이에 대제사장들과 바리새인들이 공회를 모으고 … 이날부터는 그들이 예수를 죽이려고 모의"하였다(요 11:45-47, 53)고 나온다. 이처럼 요한복음은 예수님의 십자가의 길 곳곳에 배신자들이 있었음을 폭로한다.

배신자 대열의 절정은 말할 것도 없이 가룟 유다였다. 예수님은 이미 "너희 중의 한 사람은 마귀니라" 하셨고, "이 말씀은 가룟 시몬의 아들 유다를 가리키심"이었다(요 6:70). 결국 가룟 유다는 군대를 이끌고 나타나 예수님을 결박시켜 재판정으로 넘겼다(요 18:3-5). 그렇게 법정에 서신 예수님은 "너를 놓을 권한"(요 19:10)이 있다는 빌라도에게 이렇게 말씀하신다.

> 위에서 주지 아니하셨더라면 나를 해할 권한이 없었으리니 그러므로 **나를 네게 넘겨준 자의 죄**는 더 크다(요 19:11).

여기서 "나를 네게 넘겨준 자의 죄"는 일차적으로 가룟 유다의 것이다. 하지만 여기까지 이르는 데 가담한 다른 배신자들도 당연히 공범들이다. 그 죄의 첫 테이프를 끊은 사람이 바로 베데스다의 병자였다.

대체 그들은 왜 그랬을까? 요한복음은 이런 배신자들에게 어떤 두려움이 있었음을 자주 폭로한다. 날 때부터 맹인 된 자의 부모는 추궁을 당하자 즉시 아들과 선을 그었는데, "누구든지 예수를 그리스도로 시인하는 자는 출교하기로 결의하였으므로 그들을 무서워" 했기(요 9:22) 때문이다. 평생 앞 못 보던 자식에게 베풀어진 놀라운 은혜보다 자신들의 안위가 더 다급했던 것이다.

그뿐만이 아니다. "관리 중에도 그를 믿는 자가 많되 바리새인들 때문에 드러나게 말하지 못하니 이는 출교를 당할까 두려워"해서였다(요 12:42). 이것은 모두 "사람의 영광을 하나님의 영광보다 더 사랑"한(요 12:43) 행동이었다. 사람의 영광을 사랑하는 자는 하나님의 영광을 얻지 못한다.

예수님은 38년 된 병자를 고치신 후에 "보라 네가 나았으니"(요 5:14)라고 말씀을 시작하셨다. 이것은 곧 '너는 고침받은 너의 상태부터 보라'는 말씀이다. 다시 말해 '네가 받은 은혜에 주목하라'는 뜻이다. 은혜를 잊을 때 배신이 시작된다. 마귀는 우리가 얻은 은혜를 망각시키려고 지금도 위협과 핍박과 베데스다의 물거품을 열심히 던진다. 하지만 참된 믿음은 내게 주신 사랑의 가치를 날마다 새기는 것이다. 그 은혜에 집중하고 헛된 것들을 내려놓는 것이다.

> 자기의 생명을 사랑하는 자는 잃어버릴 것이요 자기의 생명을 미워하는 자는 영생하도록 보전하리라(요 12:25).

# 요한의 세례만 알던 사람들은 무얼 믿은 걸까?

사도행전에 보면 당황스러운 진술이 나온다. 바울은 에베소에서 "어떤 제자들을" 만났다(행 19:1). 이 구절에서 '제자'로 번역한 헬라어 '마데테스'는 사도행전에 총 28번 나오는데, 여기를 빼면 모두 '믿는 성도'를 가리킨다. 그러니까 에베소의 제자들도 표면상 믿는 성도처럼 등장한 것이다.

그래서 바울은 "너희가 믿을 때에 성령을 받았느냐"(행 19:2)라고 물었다. "너희가 믿을 때에"라는 단서를 보면 그들에게서 자신과 비슷한 믿음을 보았다는 의미다. 그런데 기상천외한 대답이 돌아왔다. "아니라 우리는 성령이 계심도 듣지 못하였노라"(행 19:2). 그러자 바울이 다시 물었다. "그러면 너희가 무슨 세례를 받았느냐"(행 19:3). 그때 이런 대답이 돌아왔다. "요한의 세례니라"(행 19:3).

이들이 말한 요한은 당연히 세례요한이다. 예수님의 사역에서 세례요한은 생각보다 중요한 인물이었다. 네 복음서는 모두 예수님의 공생애를 요한으로부터 시작하고 있다. 심지어 열한 사도들도 이런 사실을 받아들였다. 배신자 가룟 유다를 대신할 새 사도를 뽑는 자리에서 베드로는 후보의 자격 기준을 이렇게 선언했다.

> **요한의 세례**로부터 우리 가운데서 올려져 가신 날까지 주 예수께서 우리 가운데 출입하실 때에 항상 우리와 함께 다니던 사람 중에 하나를 세워 우리와 더불어 예수께서 부활하심을 증언할 사람이 되게 하여야 하리라(행 1:21-22).

이처럼 세례요한은 예수님의 사역에서 떼려야 뗄 수 없는 위치였다. 당연히 요한도 자신을 주님과 긴밀히 연결시켰다. 그는 예수님을 "나보다 능력이 많으신 이"(막 1:7; 눅 3:16) 곧 "하나님의 아들"(요 1:34)이라 소개하였고, 자신은 그의 길을 닦는 중이라고 말했다. "나는 그리스도가 아니라"(요 1:20)고 강조했고 "그의 신발 끈을 풀기도 감당하지" 못할 존재(막 1:7)라고 고백했다. 이상의 말들은 요한이 예수님의 사명에 중요한 인물이지만 주인공은 아니라는 뜻이다.

그런데 왜 에베소의 제자들은 '요한의 세례'만 안다고 했을까? 도대체 이들의 신앙 형태는 무엇이었을까? 이 질문의 답을 찾으려면 이 본문 직전에 등장하는 인물 하나를 살펴봐야 한다. 그는 바로 '아볼로'이다. 아볼로는 "언변이 좋고 성경에 능통한 자"(행 18:24)였다.

개역개정이 "언변이 좋고"로 번역한 '로기오스'는 본래 '많이 배운' 사람이라는 뜻이다(개역한글성경은 "학문이 많고"로 번역함). 그는 "알렉산드리아에서 난"(행 18:24) 사람이었는데, 당시 알렉산드리아는 세계 최고의 학문 도시였다. 그 시대에 가장 큰 도서관까지 있었다. 여기서 나고 자란 아볼로는 아마도 높은 수준까지 공부를 많이 했던 것 같다.

이것은 평소 열두 사도들에게 강한 자존심을 보였던 바울이(고후

12:11), 절대로 아볼로를 무시하지 않았다는 점에서도 증명된다. 자신과 동등한 "사역자"(고전 3:5)임을 강조했을 뿐 아니라 심지어 "나는 심었고 아볼로는 물을 주었"다(고전 3:6)고까지 고백했다. 이 말에는 바울보다 아볼로가 더 고급자반을 담당했다는 뉘앙스가 담겨 있다. 두 사람이 함께 사역하는 모습도 바울서신에 여러 번 등장한다(고전 16:12; 딛 3:13).

그런데 이런 아볼로는 바울을 만나기 전부터 이미 말씀을 가르치고 다녔었다. 다만 그때 그가 전파하던 설교 내용에는 문제가 있었다. 성경은 이렇게 증언한다.

> 그가 일찍이 주의 도를 배워 열심으로 **예수에 관한 것**을 자세히 말하며 가르치나 요한의 세례만 알 따름이라(행 18:25).

이 진술에는 조금 전 에베소의 제자들보다 더 이상한 부분이 있다. "예수에 관한 것"을 자세히 가르치는 사람인데 요한의 세례만 알고 있었다니, 그렇다면 그가 일찍이 배웠다는 "주의 도"는 과연 무엇인가?

이것을 제대로 파헤치려면 문제의 근원인 세례요한에게로 돌아가야 한다. 사복음서에 나오는 요한의 핵심사상은 '종말'이었다. 그는 "임박한 진노"(마 3:7)를 외쳤고(누가복음 3장 7절은 같은 말을 "장차 올 진노"로 번역했다), 특히 바리새인과 사두개인들을 향해 이 진노가 곧 임할 것이라고 했다(마 3:7). 이것은 요한의 사상이 당시 주류 종교인이던 바리새인이나 사두개인들과 거리가 멀다는 뜻이다. 그는 오히려 그 당시 제3의 분파인 '에세네파'를 닮았다.

1947년에 시작된 쿰란 지역 발굴을 통해 우리는 이 에세네파(혹은 쿰란공동체)의 정체를 자세히 알게 되었다. 세속을 떠나 광야에서 임박한 종말 사상으로 금욕생활을 했던 그들은 세례요한과 많이 닮아 있다. 세례요한도 "광야에서 외치는 자의 소리"(요 1:23)였고, 실제로 "광야에서 전파"(마 3:1)하며 "낙타털 옷을 입고 … 메뚜기와 석청"(마 3:4)을 먹고 살았기 때문이다.

하지만 둘 사이에는 구별점이 있었다. 에세네파는 세상을 완전히 떠나 분리되었지만, 요한은 세상과 접촉하여 이들을 회개시키려 했다. 에세네파가 선택된 자들만 수용한 데 비해, 요한은 찾아오는 누구도 막지 않았고 그들에게 세상을 떠나라고도 하지 않았다. 오히려 세리들에게는 "부과된 것 외에는 거두지 말라"(눅 3:13)고 하였고, 군인들에게는 "강탈하지 말며 거짓으로 고발하지 말고 받는 급료를 족한 줄로 알라"(눅 3:14)고 가르쳤다. 심지어 말년에는 헤롯 왕을 찾아가서 정의를 외치다 목이 베어 죽었다(마 14:4 이하).

이렇게 둘은 달랐지만 종말사상이라는 공통점이 있었다. 그것은 당시 식민지 국가였던 이스라엘의 흉흉한 시대상에 기초한 것이다. 그 가운데 세례요한은 특히나 매우 임박한 종말을 외쳤다. 그는 이렇게 말했다.

> 이미 도끼가 나무뿌리에 놓였으니 좋은 열매를 맺지 아니하는 나무마다 찍혀 불에 던져지리라(마 3:10).

이 말은 본래 이사야서의 '남은 자 사상'에서 나왔다. 이사야는 "상수리나무가 베임을 당하여도 그 그루터기는 남아 있는 것같이 거룩한 씨가 이 땅의 그루터기"(사 6:13)라고 말했다. 이것은 아직도 이 세상에 남은 자들을 통한 희망이 존재한다는 말이다. 하지만 요한은 이 남은 자의 희망도 제거한다. 이제는 도끼가 그루터기 아래의 뿌리에까지 놓였다고 외친다. 한마디로 '완전한 종말'이 다가왔다는 선언이다.

여기서 우리는 세례요한의 사상이 예수님과 뭔가 어긋나고 있음을 느낀다. 물론 주님도 가까이 다가온 하나님의 나라를 말씀하셨지만, 요한과는 달리 그러므로 "회개하고 복음을 믿으라"(막 1:15)고 외치셨다. 즉 예수님의 핵심은 '복음'이라는 희망을 전하시는 것이었다. 하지만 요한에게는 이 '복음'이란 개념이 전혀 보이지 않는다.

아마도 요한은 뭔가 오해를 했던 것 같다. 이 땅에 오신 하나님의 아들이 복음이 아니라 '심판을 베푸실 자'라고 생각한 것이다. 그의 이런 생각이 누가복음에 잘 나타나 있다.

> 요한의 제자들이 **이 모든 일**을 그에게 알리니 요한이 그 제자 중 둘을 불러 주께 보내어 이르되 **오실 그이**가 당신이오니이까 우리가 다른 이를 기다리오리이까(눅 7:18-19).

헤롯의 감옥에 갇힌 요한은 자기 제자들을 통해 이상한 소식을 들었다. 그가 들은 "이 모든 일"은 직전 구절들에 나오는 '예수님의 설교'(눅 6:20-49, 이른바 평지설교)와 '백부장의 종을 치료'(눅 7:2-10)하시고 '나인성 과부의 죽은 아들을 살리신 사건'(눅 7:11-17) 등이다. 우리는 이것이 메시아의 놀라운 사역임을 알고, 이를 통해 예수님이 인류의 구원자이심을 깨닫는다.

그런데 세례요한의 반응은 좀 이상하다. 이 소식을 듣고 오히려 예수님의 정체성을 의심한다. 그래서 뜬금없이 "오실 그이가 당신이오니이까"라고 질문을 던진다. 이것은 요한 스스로 생각하던 '오실 그이'와 예수님의 실제 활동이 맞지 않았다는 증거이다. 그러자 예수님은 이렇게 답변하신다.

> 너희가 가서 보고 들은 것을 요한에게 알리되 맹인이 보며 못 걷는 사람이 걸으며 나병환자가 깨끗함을 받으며 귀먹은 사람이 들으며 죽은 자가 살아나며 가난한 자에게 **복음**이 전파된다 하라(눅 7:22).

예수님은 지금 멸망이 아니라 구원을 전파하고 계신다. 죄의 사슬에 매인 자들을 심판하지 않고 오히려 해방시키시는 중이다. 이 구원의 '복음'을 전파하는 것이 주님이 오신 목적이다. 이것을 다음 구절들이 잘 설명하고 있다.

> 하나님이 그 아들을 세상에 보내신 것은 세상을 심판하려 하심이 아니요 그로 말미암아 세상이 구원을 받게 하려 하심이라(요 3:17).
> 내가 온 것은 세상을 심판하려 함이 아니요 세상을 구원하려 함이로라(요 12:47).

요한의 질문에 심판이 아니라 복음으로 대답하신 예수님은 이윽고 섬뜩한 말씀을 던지신다. "누구든지 나로 말미암아 실족하지 아니하는 자는 복이 있도다"(눅 7:23). 예수님은 지금 요한이 실족하지 않기를 바라고 계신다. 주님의 복음 사역을 가장 기뻐해야 할 요한이 오히려 의심을 품고 있기 때문이다. 이것이 요한에게는 실족의 위기였다.

그렇다면 그는 '오실 그이'를 어떤 존재로 기대한 것일까. 요한의 평소 외침들을 살펴보면 서서히 의문이 풀린다. 요한은 요단 강가에서 이렇게 외쳤다.

> 요한이 많은 바리새인들과 사두개인들이 세례 베푸는 데로 오는 것을 보고 이르되 독사의 자식들아 누가 너희를 가르쳐 **임박한 진노를 피하라** 하더냐 … 좋은 열매를 맺지 아니하는 나무마다 찍혀 **불에 던져지리라** 나는 너희로 **회개하게 하기 위하여** 물로 세례를 베풀거니와…(마 3:7-11).

이 속에는 세례요한 사상의 양대 기둥이 들어 있다. 그의 물세례는 첫째 인간을 '회개하게 하기 위한 것'이고, 둘째 '임박한 진노를 피하는 길'이다. 이 구도를 따르면 요한은 지금 구원자의 길을 닦는 것이 아니었다. 그는 자신의 물세례가 곧 구원이라고 생각했다. 회개의 물세례를 통해 심판을 피할 수 있다고 믿었던 것이다.

그렇다면 요한의 뒤에 오실 능력 많은 분이 '성령과 불세례'를 준다는 것은 무슨 뜻인가? 우리는 당연히 죄인에서 의인으로 변화되는 차원을 생각한다. 하지만 요한은 말 그대로 진짜 '불이 뿌려지는 것', 곧 '불 심판'을 생각했다고 볼 수 있다.

그래서 복음을 전하시는 예수님을 이해하지 못했고, 심지어 주님이 마땅히 해야 할 일을 하지 않는다고 생각했다. 예수님의 할 일은 불로 세상을 심판하는 것이기 때문이다. 이것은 이어지는 구절에서 금방 증명된다.

> 그는 성령과 불로 너희에게 세례를 베푸실 것이요 손에 키를 들고 자기의 타작마당을 정하게 하사 알곡은 모아 곳간에 들이고 쭉정이는 꺼지지 않는 **불**에 태우시리라(마 3:11-12).

여기서 '성령과 불의 세례'는 곧 '신적인 불 심판'과 직결된다. 요한은 '오실 그이'를 구원자가 아니라 심판자로 믿었다. 그래서 주님의 복음과 구원 활동이 이상하게 느껴진 것이다. 그렇다면 기이한 구도가 형성된다. 세상을 구원할 자는 예수님이 아니라 바로 세례요한 자신(혹은 그의 물세례)이었다. 예수님은 단지 세상을 심판하실 분이다.

물론 심판자가 구원자보다 훨씬 능력이 많고 높으신 것은 당연하다. 그래서 요한은 자신이 예수님의 신을 들기도 감당치 못할 존재라고 고백했다. 그럼에도 세례요한은 물세례를 통해 스스로 인간을 심판에서 구원할 자였다. 이것이 세례요한과 그를 따르던 자들의 근본사상이었다.

세례요한은 분명 위대한 사람이다. 예수님도 이를 인정하셨다. 하지만 '오실 그이'에 대해 이처럼 오해하고 있는 것이 드러나자 곧 진짜 가르침을 펼치신다.

> 그러면 너희가 무엇을 보려고 나갔더냐 선지자냐 옳다 내가 너희에게 이르노니 선지자보다도 훌륭한 자니라 … 내가 너희에게 말하노니 여자가 낳은 자 중에 요한보다 큰 자가 없도다 그러나 하나님의 나라에서는 극히 작은 자라도 그보다 크니라(눅 7:26, 28).

'여자가 낳은 자 중에 가장 큰 자'라는 것은 요한의 삶이 인류 역사상 가장 온전하고 깨끗하다는 의미이다. 예수님이 내리신 판단이니 그가 위대한 의인임은 명확한 사실이다. 하지만 주님의 진짜 메시지는 그다음에 나오는 '그러나'부터이다.

우리는 너무도 잘 알고 있다. 아무리 인간이 깨끗하고 착해도, 심지어 세례요한처럼 완벽에 가까워도 자신의 의로는 천국에 들어갈 수 없다. 천국은 오히려 반대되는 사람이 들어간다. 자신의 의로는 죽을 수밖에 없음을 고백하고 예수님만 의지하는 죄인들 말이다. 그래서 주님은 "나는 의인을 부르러 온 것이 아니요 죄인을 부르러 왔노라"(마 9:13)고 말씀하셨다.

그렇다면 위의 말씀은 요한과 그의 제자들에게 무서운 경고가 된다. 예수님이 말씀하신 '천국에서 극히 작은 자'는 비교급으로, 천국 안에서 누구와 비교해도 작은 자 즉 천국을 턱걸이로 간신히 들어온 꼴찌를 의미한다. 이 사람보다 못하면 천국 문 바깥에 있어야 한다. 따라서 세례요한은 아무리 의로워도 자기 의를 의지하는 이상 천국의 꼴찌보다 못하다. 이것은 결국 그가 자신의 의만으로는 천국에 못 들어간다는 말이다.

이것이 복음의 핵심이다. 하나님의 심판 앞에 '의인은 없나니 하나도 없다'(롬 3:10). 아마도 세례요한은 감옥에서 주님의 답변을 듣고 많은 생각을 했을 것이다. 개인적인 상상이지만 결국 구원의 복음을 깨닫고 기뻐했을 것 같다.

하지만 문제는 요한의 제자들이었다. 그들은 스승에게 제대로 다시 가르침을 받을 기회가 없었다. 이 일이 있고 얼마 후에 요한이 헤롯에게 목 베임을 당했기 때문이다. 사형 집행 예고도 없이 헤롯의 생일 춤판에서 갑자기 일어난 일이었다(마 14:6-12). 그러다 보니 제자들은 요한의 이전 가르침을 고수할 수밖에 없었고, 결국 이것이 기이한 형태로 발전되고 전파되기 시작한 것이다.

그 내용은 무엇이었을까? 일단 그들은 요한의 가르침대로 '임박한 진노'와 '불로 심판하는 이'를 기다렸을 것이다. 하지만 그 심판자가 예수님은 아니라고 결론지었다. 왜냐하면 자기들의 스승도 말년에 주님을 의심하였고, 예수님 자신도 심판은커녕 십자가에서 허무하게 죽으셨기 때문이다. 따라서 그들은 예수님이 자기 스승과 비슷한 계열이긴 하지만 결코 메시아는 아니라고 생각했다. 그래서 진짜 '심판의 메시아'를 기다리며 요한이 베풀던 물세례를 계속 전파해 나갔던 것이다.

하지만 그 과정에서 예수님을 완전히 제외시킨 것은 아니었다. 어쨌든 스승과 긴밀한 관계였고 주님의 가르침 속에 요한과의 교집합이 있었기 때문이다. 요한도 "회개하라 천국이 가까이 왔느니라"(마

3:2)를 외쳤고, 예수님의 첫 설교도 "회개하라 천국이 가까이 왔느니라"(마 4:17)였다. 따라서 그들은 필요할 때 주님의 가르침을 자주 인용했던 것 같다. 하지만 절대 자기 스승 요한보다 높은 분으로는 인식하지 않았다. 주님이 행하신 많은 기적도 그들의 마음을 돌이키지 못했다. 세례요한의 사역은 본래 기적 중심이 아니었기 때문이다(요 10:41).

이것은 세례요한을 죽인 헤롯이 예수의 소문을 듣고 내뱉은 고백에서도 확인된다.

> 이는 세례요한이라 그가 죽은 자 가운데서 살아났으니 그러므로 이런 능력이 그 속에서 역사하는도다(마 14:2).

헤롯의 이 말은 세례요한을 죽인 양심에서 비롯되긴 했지만, 어떤 식으로든 당시에 예수님이 요한보다 한 수 아래라고 생각하던 분위기가 존재했음을 보여 준다. 심지어 '죽은 자 가운데서 살아났다'는 부활의 개념조차 세례요한에게 적용시키고 있다.

게다가 예수님은 요한에게 물세례도 받았다. 그들에게 물세례는 구원의 징표였다. 따라서 예수님은 결코 요한보다 위대할 수 없었다. 그저 스승이 인정했던 평범하지 않은 인물 정도였다. 그래도 좋은 가르침을 많이 남겼고 스승처럼 억울하게 사형당하기까지 했다. 그래서 요한의 제자들은 자신들의 가르침에 예수님의 것도 함께 섞어 포교 활동을 한 것이다.

아볼로와 에베소의 제자들은 바로 이러한 세례요한파의 가르침을 받았던 자들이다. 그래서 그들은 예수님에 대해 알았고 주님의 가르침도 전했지만, 결국은 '요한의 세례만 알던 사람들'이었다. 초대교회 당시에 이들은 기독교인들에게 상당히 껄끄러운 존재였다. 오늘날 선교 현장에서 교회와 유사 이단들이 부딪히는 것처럼 예수님의 제자들과 세례요한의 제자들도 그랬다. 언뜻 일치해 보이나 끝이 다른 두 사상은 애매한 관계 속에 갈등했을 것이다. 지금 우리가 살펴보는 아볼로와 에베소 제자들 이야기가 그 증거들이다.

세례요한 종파의 세력은 예상보다 강했던 것 같다. 어쩌면 당연한 일이다. 당시 "모든 백성과 세리들은 이미 요한의 세례를 받은"(눅 7:29) 상태였다. 또한 "모든 사람이 요한을 선지자"(마 21:26)로 여겼다. 따라서 백성 가운데 상당수는 세례요한을 잊지 못했을 것이고, 그가 죽은 후에 제자들을 통해 전해지는 그의 가르침을 받아들인 사람도 많았을 것이다.

아볼로와 에베소의 제자들이 바로 그런 사람들이었다. 그들은 세례요한처럼 임박한 심판을 기다리며 물세례를 통한 회개와 금욕적인 생활이 곧 '구원'이라는 사상을 가지고 있었다. 하지만 이 사상은 결국 율법주의를 벗어나지 못한 것이다.

인간이 구원을 받는 것은 금욕적인 노력이 아니라, 그 어떤 노력도 다 소용없음을 고백할 때 비로소 가능해진다. 그러므로 십자가의 복음을 알지 못한 채 금욕과 자기 의로 심판을 피할 수 있다고 생각했던 세례요한의 제자들은 결국 이단이었다.

따라서 아볼로가 처음에 에베소 회당에서 가르친 내용 역시 금욕적인 율법주의였을 것이다. 그가 "열심으로 예수에 관한 것을 자세히 말하며 가르치나"(행 18:25), 그것은 주님의 핵심인 십자가의 복음이 아니라 윤리적인 가르침 중에서 쓸 만한 것들을 뽑은 것이었음이 분명하다. 당시의 아볼로는 예수님이 세례요한보다 한 수 아래라고 생각했기 때문이다. 이것을 성경은 그가 "요한의 세례만 알 따름이라"(행 18:25)고 증언하고 있다.

아볼로의 이상한 설교를 듣던 바울의 제자 브리스길라와 아굴라는 그를 "데려다가 하나님의 도를 더 정확하게 풀어"(행 18:26) 가르쳐 주었다. 그들이 아볼로에게 전해 준 내용은 무엇이었을까? 당연히 바울이 강조했던, '예수님의 보혈의 은혜로만 구원받을 수 있다는 복음'이었다. 놀랍게도 아볼로는 이 건방진(?) 평신도 부부의 전도를 듣고 회심하였다. 누구에게도 지지 않는 학식을 지녔지만 그에게 제시된 복음은 들을수록 구구절절 옳았기 때문이었다.

아볼로의 눈이 열리자 그의 탁월한 성경지식과 학문에 제대로 된 날개가 달렸다. 그래서 마침내 세례요한이 아닌 예수님의 제자로서 아가야로 건너가 놀라운 일을 행하기 시작했다.

> 믿은 자들에게 많은 유익을 주니 이는 성경으로써 예수는 그리스도라고 증언하여 공중 앞에서 힘 있게 유대인의 말을 이김이러라(행 18:27-28).

아볼로와 비슷한 길을 걷던 에베소의 열두 제자들 역시 바울에게 "요한이 회개의 세례를 베풀며 백성에게 말하되 내 뒤에 오시는 이를 믿으라 하였으니 이는 곧 예수라"(행 19:4)는 가르침을 받고 참된 신앙인으로 거듭났다. 종말의 심판 전에 아들을 보내사 구원의 복음을 먼저 전해 주신 하나님의 크신 은혜였다.

# 요한공동체는 세례요한의 제자들과 대립했을까?

앞 장에서 살펴본 대로 초대교회는 세례요한의 제자들과 대립하고 있었었다. 그러다 보니 복음을 전할 때 요한의 존재 자체를 삭제할 수는 없었지만 그의 위상은 되도록 낮춰야 했다. 자칫 그릇된 오해를 심어 줄 수 있기 때문이었다. 그래서 각 복음서는 세례요한을 소개할 때 그가 결코 예수님보다 크지 않음을 강조하고 있다.

이런 현상은 특히 요한복음에서 두드러진다. 이것은 당시 요한복음을 읽던 공동체(이하 요한공동체)와 세례요한의 제자들이 가까운 곳에서 실제로 대립하지 않았을까 하는 추정을 낳는다. 이제부터 그 흔적을 요한복음 안에서 추적해 보자.

다른 복음서와 달리 요한복음은, 예수님이 요한에게 세례를 받으셨다는 진술 자체를 아예 하지 않고 있다. 요한복음에는 예수님이 세례요한을 찾아 요단강에 오셨고, 심지어 "성령이 비둘기같이 하늘로부터 내려와서 그의 위에 머물렀더라"(요 1:32)라는 증언도 있지만, 예수님이 그에게 세례를 받으셨다는 묘사는 나오지 않는다. 다만 다음과 같은 세례요한의 고백만 등장한다.

> 이튿날 요한이 예수께서 자기에게 나아오심을 보고 이르되 보라 세상 죄를 지고 가는 하나님의 어린 양이로다(요 1:29).
>
> 내가 보고 그가 하나님의 아들이심을 증언하였노라(요 1:34).

세례요한이 예수님을 "하나님의 어린 양"으로 증언한 것은 지금까지의 내용에 어긋나는 듯 보인다. 하지만 이 표현에는 요한복음 저자의 특별한 의도가 들어 있다. 오늘날 우리는 이 말 속에서 당연히 대속의 제물이 되신 예수님을 연상한다. 하지만 당시에 요한은 대속의 죽음을 염두에 두고 '어린 양'이란 개념을 말한 것은 아니다.

그저 '하나님의 의로운 종'이라는 개념으로 사용했을 가능성이 높다. 이사야 53장에 보면 "어린 양"(사 53:7)과 하나님의 "의로운 종"(사 53:11)이 동일 개념으로 나오기 때문이다. 알다시피 그때나 지금이나 유대인들은 이사야 53장의 '어린 양'과 '의로운 종'에서 십자가의 대속이란 개념을 전혀 떠올리지 않는다.

'세상 죄를 지고 간다'는 표현도 마찬가지다. '지고 간다'로 번역된 헬라어 '아이로'는 '제거하다' 혹은 '치우다'의 의미로 많이 사용된다(요 15:2, 19:31 참조). 그래서 새번역성경은 이 구절의 '지고 가는'에 각주를 달아 "'제거하는' 또는 '치워 없애는'으로 번역할 수도 있음"이라고 설명한다.

따라서 요한이 "세상 죄를 지고 가는 하나님의 어린 양"이라고 표현한 것은 인류의 죄를 대신해서 십자가를 지실 메시아를 의미했다기보다 '세상의 죄악을 치워 없앨 하나님의 종'이라는 개념으로 말한 것이다. 그렇다면 이 증언은 '오실 그이'가 곧 불의 심판자라는 요한의 본래 사상에 정확히 맞아떨어진다. 즉 예수님은 세상의 모든 죄를 치워 없앨 심판자라는 것이다.

따라서 이 말은 실제로 요한의 입에서 나왔을 것이다. 그럼에도 이 속에는 이중적인 요소가 있다. 믿는 자의 관점에서 읽으면 죄를 용서하시는 희생양 예수님을 연상시킬 요소가 농후하기 때문이다. 그래서 요한복음의 저자는 그의 말을 가감 없이 인용한 것이다. 비록 요한에게 그럴 의도는 없었지만 그럼에도 그의 입을 통해 예수님이 희생양임을 강조할 수 있었기 때문이다. 이런 이중적인 기법은 요한복음이 자주 보여 주는 것이다(특히 요 11:50 참조).

이것은 잠시 후 요한이 "예수님이 거니심을 보고 말하되 보라 하나님의 어린 양이로다"(요 1:36)라고 했을 때 요한의 두 제자가 그의 말을 듣고 예수를 따르는 장면(요 1:37)에서 더 분명해진다. 요한을 버리고 떠난 두 제자는 이후로도 계속 예수님을 따랐지만 십자가에서 돌아가시기 전까지 희생양이라는 개념을 전혀 몰랐다. 따라서 그들도 '하나님의 어린양'이라는 말을 들었을 때, 그저 '하나님의 의로운 종' 정도로 받아들였음이 분명하다.

이뿐만 아니다. 요한복음에는 다른 복음서에 없는 또 다른 장면도 나온다. 예수님께서 사람들에게 세례를 주기 시작하셨을 무렵, 요한의 제자들은 스승에게 "선생님이 증언하시던 이가 세례를 베풀매 사람이 다 그에게로 가더이다"(요 3:26)라고 전한다. 그때 요한은 제자들에게 이렇게 말한다.

> 내가 말한바 나는 그리스도가 아니요 그의 앞에 보내심을 받은 자

> 라고 한 것을 증언할 자는 너희니라 … 그는 흥하여야 하겠고 나는 쇠하여야 하리라(요 3:28, 30).

요한복음이 굳이 이 말을 인용한 것은, 세례요한파의 그릇된 생각을 그들의 스승의 입을 통해 직통으로 폭로하려는 것이다. 특히 "증언할 자는 너희니라"는 지시는 세례요한이 예수님보다 우위에 있다는 주장이 얼마나 어리석은 것인지를 지적한다. 너희 스승이 이미 다 밝혔는데 어찌 이토록 어리석냐는 것이다.

게다가 요한복음은 예수님의 입을 통해 더 중요한 증거까지 제시한다. 주님은 유대인들에게 "너희가 요한에게 사람을 보내매 요한이 진리에 대하여 증언하였느니라"(요 5:33)고 말씀하신다. 이것은 앞서 살핀 대로 요한이 예수님을 그리스도로 증언했다는 말이다. 하지만 여기서 주님은 한 걸음 더 나아가신다.

> 그러나 나는 사람에게서 증언을 취하지 아니하노라 … 요한은 켜서 비추이는 등불이라 너희가 한때 그 빛에 즐거이 있기를 원하였거니와 내게는 요한의 증거보다 더 큰 증거가 있으니 … 나를 보내신 아버지께서 친히 나를 위하여 증언하셨느니라(요 5:34-37).

요한이 등불이라고 묘사된 것은 그만큼 당시 그의 위상이 컸음을 보여 준다. 이런 세례요한이 예수님을 그리스도로 증언했다. 이것은 예수님이 요한보다 우월하시다는 증거이다. 하지만 이처럼 위대한 요한의 증언도 사실 아무것도 아니다. 예수님은 그까짓 사람의 증언이 필요하신 분이 아니다. 인간의 말과 비길 수 없는 하나님의 증언을 갖고 계시기 때문이다. 여기서 예수님과 세례요한의 격차는 완전히 벌어지고 그의 제자들의 어리석음이 밝혀진다.

이런 분위기는 요한복음의 서막에도 등장한다. 여기서 세례요한은 이렇게 소개된다.

> 하나님께로부터 보내심을 받은 사람이 있으니 그의 이름은 [세례] 요한이라 그가 증언하러 왔으니 곧 빛에 대하여 증언하고 모든 사람이 자기로 말미암아 믿게 하려 함이라 그는 이 빛이 아니요 이 빛에 대하여 증언하러 온 자라 참 빛 곧 세상에 와서 각 사람에게 비추는 빛이 있었나니 그가 세상에 계셨으며(요 1:6-10).

세례요한은 한때 사람들이 따르던 등불이었다. 하지만 말 그대로 한때였다. 그는 참 빛이 아니었기 때문이다. 그가 잠시 빛처럼 등장한 것은 진짜 빛에 대해 증언하기 위함이었다. 참 빛은 따로 있었다. 그 참 빛은 세상에 오사 이렇게 선언하셨다.

> 나는 세상의 빛이니 나를 따르는 자는 어둠에 다니지 아니하고 생명의 빛을 얻으리라(요 8:12).

이 말씀들 역시 당시에 세례요한을 빛으로 믿고 따르는 이들의 어리석음을 요한복음이 교정하려 한 것이다.

이런 현상은 요한복음이 다른 복음서가 말하는 내용을 고의로 삭

제한 데서도 유추할 수 있다. 마태복음과 누가복음에 똑같이 나오는 '오실 그이가 당신입니까'라고 묻는 장면이 요한복음에는 없다. 이것은 세례요한이 애초부터 예수님을 구원자로 믿었던 것처럼 각인시키려는 것이다. 그가 초반에 예수님에 대하여 "세상 죄를 지고 가는 하나님의 어린 양"(요 1:29)이라고 말할 때 집어넣은 이중적 의미를 끝까지 지키려고 요한이 의심하는 장면은 뺀 것이다.

그래서 요한복음은 다른 복음서와 달리 예수님을 '성령과 불'(마 3:11; 눅 3:16)로 세례를 주시는 분이라고 하지 않고, 심판의 이미지인 '불'은 빼고 "곧 성령으로 세례를 베푸는 이"(요 1:33)라고만 묘사한다. 자신의 요한공동체에게 쓸데없는 혼란을 야기할 필요가 없었기 때문이다.

이처럼 세례요한에 대한 요한복음만의 특징들은, 당시 요한공동체 가까이에 세례요한의 제자들이 존재했음을 예상케 한다. 이 두 공동체는 각자의 스승들의 위상을 놓고 격렬히 논쟁하고 있었다. 요한복음이 세례요한의 위상을 꺾으신 예수님을 이토록 강조한 것은 그 당시 세례요한의 제자들이 결코 호락호락하지 않았다는 반증이다. 이전 장에서 보았듯이 그들은 멀리 에베소의 아볼로나 다른 제자들에게까지 영향을 미칠 정도로 세력이 컸다.

하지만 요한공동체는 저들을 무조건 미워하고 배척할 존재로만 여기지는 않았다. 오히려 속히 정신을 차려서 그들의 스승이 남긴 지시를 따라 예수님의 품으로 돌아오기를 바랐다. 이런 염원을 우리는 다음 구절에서 추정할 수 있다.

또 이 우리에 들지 아니한 다른 양들이 내게 있어 내가 인도하여야 할 터이니 그들도 내 음성을 듣고 한 무리가 되어 한 목자에게 있으리라(요 10:16).

예수님은 지금 믿는 자들과 비슷하지만 정확히 일치하지 않는 어떤 양 무리에 대해 말씀하신다. 이들은 예수님 당시의 성도들과도, 지금의 요한복음 공동체와도 분리되어 있다. 그럼에도 예수님은 이들에게 우호적이다. 아마도 이 우리 밖의 양들이 세례요한의 제자들이었을 것이다.

요한의 갑작스러운 목 베임으로 길을 잃은 그의 제자들을 예수님은 복음의 품으로 받아들이기 원하셨다. 이런 주님의 심정을 알고 요한공동체는 이 말씀을 잘 간직하여 지금 자기 교인들에게도 가르치는 것이다. 여전히 요한공동체 주변에서 활동하는 세례요한의 제자들을 불쌍한 선교의 대상으로 여겼기 때문이다.

이제까지 살펴본 세례요한의 이야기를 단순히 성경을 통한 상상력으로 치부하는 사람이 있을까 봐 역사적인 증거를 하나 소개하려고 한다. 현재 전 세계에 약 6만 명 정도의 신도가 있는 일명 '만다교'(Mandaeism)는, 유대교와 영지주의가 복잡하게 혼합된 형태의 독특한 종교이다. 이 종파의 기원이 바로 AD 1세기의 세례요한의 제자들이다.

그들은 '세례요한'을 가장 중요한 하나님의 사자로 믿으며, 흐르는 물에서 받는 '세례 예식'을 중시하여 수시로 세례를 행한다. 이들의 경전에는 예수님도 나오는데 황당하게도 거짓 선지자로 등장한다. 총 네 권과 몇몇 파편들로 구성된 그들의 만다경의 영문 번역을 인터넷에서 누구나 무료로 읽어 볼 수 있다(http://gnosis.org/library/mand.htm).

끝으로 또 하나 흥미로운 내용이 있어 소개한다. 누군가 '쿼라'(quora)라는 문답 사이트에 올린 글인데, 여기서 우리는 현존하는 만다교인의 목소리를 직접 들어 볼 수 있다(이하는 영문으로 된 내용을 글쓴이가 번역한 것이다).

> **질문:** 만다교인들은 예수님이 가짜 선지자라고 믿나요?
>
> **답변:** [저는 실천적인 만다교인이고 이 종파의 역사에 친숙합니다.]
>
> 예, 그렇습니다. 우리는 예수가 만다교인이었고 세례요한이 그에게 세례를 주었다고 믿습니다. 또한 그가 우리의 교리를 바꾸었고 규정을 단순화시켰으며 흐르는 물의 세례를 고인 물의 세례로 바꾸었다고 믿습니다. 그런 이유로 우리는 예수의 리더십을 거부하고 세례요한에게 확고히 충성하고 있습니다. 또한 우리는 예수가 세례요한에게 [잠시] 합류했던 것을 유감스럽게 생각하는데, 왜냐하면 예수의 첫 추종자들이 본래 우리 세례요한 그룹 출신이었고 이로 인해 만다교인들이 많은 소그룹들로 분열되고 말았기 때문입니다.
>
> (출처: https://www.quora.com/Do-Mandaeans-believe-Jesus-to-be-a-false-prophet)

이 답변에도 나오듯이, 만다교가 예수님에 대해 적대적이 된 이유는 충분히 예상할 수 있다. 초대교회 때부터 선교 현장에서 자주 대립했지만 결국 기독교의 복음이 앞섰고, 아볼로나 에베소의 제자들처럼 세례요한파에 속했던 사람들이 속속 예수님의 제자로 회심했기 때문이다. 이에 분노한 세례요한의 제자들은 그동안 조금은 인정했던 예수님을 끝내 거짓 선지자로 채색해 버렸다. 아직도 그들은 자신들의 스승이 "그는 흥하여야 하겠고 나는 쇠하여야 하리라"(요 3:30)고 말한 뜻을 깨닫지 못하고 있다. 참 안타까운 일이다.

# 예수님은 왜 막달라 마리아에게 '나를 붙들지 말라'고 하셨을까?

각 복음서에 나오는 부활 증언들은 조금씩 차이가 있다. 그러다 보니 그것 때문에 예수님의 부활을 못 믿겠다는 사람도 꽤 있다. 하지만 이것은 비과학적인 태도다. 어떤 증언이 효력을 얻는 것은 사진처럼 명료해서가 아니다. 인간의 눈과 기억은 왜곡되기 쉽기에 증언이 다양할수록 오히려 사실규명에 도움이 된다. 특히 핵심과 뼈대가 같은 증언들은 세부 사항이 좀 달라도 서로를 보충하여 더 분명한 진실을 밝히는 열쇠가 된다.

부활 증언에서 자주 언급되는 불일치는 목격자의 명단이다. 마태복음은 "막달라 마리아와 다른 마리아"(마 28:1), 마가복음은 "막달라 마리아와 야고보의 어머니 마리아와 또 살로메"(막 16:1), 누가복음은 "막달라 마리아와 요안나와 야고보의 모친 마리아 … 또 그들과 함께한 다른 여자들"(눅 24:10), 그리고 요한복음은 "막달라 마리아"(요 20:1)가 부활을 목격했다고 증언한다.

누군가 판사로서 이 네 증언을 듣는다면 어떻게 판단할까? 대략 다음과 같이 추론할 것이다. 첫째, 각각 다른 네 자료가 일치하게 예수의 부활을 주장하고 있다. 둘째, 첫 목격자들은 모두 여성이었다.

셋째, 그중에 '막달라 마리아'는 공통으로 언급된다. 그런데도 이 네 자료가 증거로서 가치가 없다고 우긴다면 도리가 없다.

우리는 고대의 사건이나 인물들을 어떻게 알고 믿는가? 당연히 기록을 통해서다. 이순신 장군이나 임진왜란을 직접 보고 겪은 사람은 지금 아무도 없다. 남겨진 기록들을 통해 그 실체를 믿고 받아들인다. 예수님의 부활도 마찬가지다. 양자역학이나 제임스 웹 등의 발달로 과거에 상상도 못 한 사실들이 부지기수로 튀어나오고 있다. 현대 과학은 무지의 지(無智의 智)를 지금 우리에게 깨우치는 중이다.

이런 와중에 역사적인 문서 증거와 이를 위해 목숨을 바친 수많은 증인들, 나아가 지금도 수십억 명이 믿고 따르는 사건을 가볍게 거짓으로 치부하는 것은 섣부른 태도다. 논리적인 사람이라면 이상히 여기고 재고해 보는 것이 당연하다.

이번 장에서는 당시 부활의 현장에서 있었던 일들 가운데 난해한 장면 하나를 살펴보려고 한다. 앞서 보았듯이 네 복음서가 공통으로 말하는 막달라 마리아는 부활의 확실한 증인이었음이 틀림없다. 요한복음에 따르면 예수님의 빈 무덤을 발견한 그녀는 베드로와 다른 제자에게 먼저 알렸다. 그러자 두 제자도 달려가 빈 무덤을 확인했지만 그냥 돌아갔다.

하지만 마리아는 "무덤 밖에 서서 울고" 있다가(요 20:11) 천사들을 보았고, 이후 "뒤로 돌이켜 예수께서 서 계신 것을 보았으나 예수이신 줄 알지" 못하였다(요 20:14). 그런 마리아에게 예수께서 "마리아야" 하시니 마리아가 돌이켜 히브리 말로 "랍오니"라고 불렀다(요 20:16).

랍오니는 랍비를 더 높여서 부르는 명칭으로, 개정개역은 랍비를 "선생"(요 1:38)으로 랍오니를 "선생님"(요 20:16)으로 재치 있게 번역했다. 그런데 마리아가 예수님을 알아본 순간 주님은 이상한 말씀을 하셨다.

> 예수께서 이르시되 **나를 붙들지 말라** 내가 아직 아버지께로 올라가지 아니하였노라 너는 내 형제들에게 가서 이르되 내가 내 아버지 곧 너희 아버지, 내 하나님 곧 너희 하나님께로 올라간다 하라(요 20:17).

이 말씀은 상당히 난해해 보인다. 왜 예수님은 마리아에게 "나를 붙들지 말라"고 하셨을까? 개역한글성경은 "나를 만지지 말라"고 번역했는데 사실 단어의 뜻만 보면 '만지다'라는 표현이 옳다. 이 단어의 원문 '하프토'는 '만지다', '접촉하다'가 본래 뜻이고, 가끔 '불을 켜다'라는 의미로도 사용된다.

요한복음에는 이 구절에만 한 번 나오고 신약 전체에는 38번 더 나오는데, 대체로 '만지다'나 '손을 대다'는 의미로 사용되었고, '불을 켜다'로 네 번, '가까이 하다'(고전 7:1)로 한 번 사용되었다. 즉 '붙들다'의 의미로 사용된 적이 한 번도 없다는 말이다.

그럼에도 개역개정성경에서 이 말씀을 원어와 거리가 있는 '붙들지 말라'로 번역한 것은 의도적이다. 아마도 부활의 몸과 인간의 몸이 접촉해서는 안 된다는 오해가 생길까 봐 그런 듯하다. 실제로 그렇게 생각하는 사람들이 아직 꽤 많고, 이전의 개역성경의 '만지지 말라'가 이런 생각을 부추겨 온 것도 사실이다.

하지만 이 생각은 잘못되었다. 성경은 부활체와 인간이 얼마든지 접촉할 수 있었음을 보여 준다. 부활의 예수님은 도마를 만나신 후 "네 손가락을 이리 내밀어 내 손을 보고 네 손을 내밀어 내 옆구리에 넣어 보라"(요 20:27)고 하셨다. 또한 마태복음에는 이런 장면도 나온다.

> 예수께서 그들을 만나 이르시되 평안하냐 하시거늘 여자들이 나아가 그 발을 **붙잡고** 경배하니(마 28:9).

마태복음의 여인들도 예수님의 발을 붙잡았다. 하지만 이 '붙잡다'와 요한복음의 '붙들다'는 서로 다르다. 마태복음에는 '크라테오'라는 동사가 사용되었는데, 실제로 '힘을 줘서 붙잡거나' 그런 식으로 '자리에 머물게 하는 것'을 의미한다. 신약 전체에 47번 나오며, 주로 붙들고 일으키거나(마 9:25), 강하게 목을 조르거나(마 18:28), 체포하는 장면에 많이 등장한다(마 14:3; 막 14:1, 44, 46 등 다수). 그리고 요한복음에도 이 단어가 한 번 나온다.

> 너희가 누구의 죄든지 사하면 사하여질 것이요 누구의 죄든지 **그대로 두면** 그대로 있으리라(요 20:23).

여기 나오는 '그대로 두다'가 '크라테오'를 번역한 것으로, 이 역시 '붙잡아 두다'와 통하는 말이다. 따라서 예수님이 마리아에게 나를 '붙들고 여기 그대로 두지 말라'는 뜻을 전하고 싶으셨다면 '크라테오'를 쓰셨을 것이다. '만지다'는 뜻의 '하프토'는 이것을 표현하기에는 너무 거리가 멀다.

하지만 개역개정뿐 아니라 대부분의 다른 번역들도 '붙잡지 말라'를 선호하는데 거기에는 이유가 있다(영어성경도 대부분 'hold'나 'cling to'로 번역한다). 주님이 이 명령을 하신 후에 이렇게 말씀하셨기 때문이다.

> 왜냐하면 내가 아직 아버지께로 올라가지 않았기 때문이다(요 20:17, 저자 사역).

그러니까 전체 문맥에서 보면, 예수님이 지금 마리아에게 '내가 아버지께로 가는 것을 붙들지 말라'고 하셨다는 것이다. 이렇게 이해하면 주님의 모호한 말씀이 일단 풀리는 것 같다. 그래서 대부분의 성경들이 '붙들지 말라'로 번역했고, 개역개정의 경우 이전 개역한글성경의 '만지지 말라'를 '붙들지 말라'로 바꾸었다.

하지만 과연 이게 옳을까? 막달라 마리아가 예수님을 하늘로(혹은 다른 어디로든) 못 가시도록 붙잡고 막았기에 이를 제지하신 것일까? 정황상 그렇게 보기는 힘들다. 일단 그녀가 예수님을 보고 반가워서 어떤 접촉을 시도했을 가능성은 있지만(물론 본문에는 없다), 그것이 곧 주님을 어디론가 못 떠나게 막는 행위였다고 보는 것은 지나치다.

무엇보다 마리아가 예수님을 보자마자 어디로 떠나실 것을 예상했다고 보기도 힘들다. 그럴 가능성을 밝히신 것은 오히려 예수님이셨다.

> 너는 내 형제들에게 가서 이르되 내가 내 아버지 곧 너희 아버지, 내 하나님 곧 너희 하나님께로 올라간다 하라(요 20:17).

예수님의 승천은 이 말씀을 통해 비로소 정식 예고되었다. 따라서 마리아가 주님을 붙잡으려 했다면 오히려 이 순간이어야 정상이다. 하지만 마리아는 이 말씀에 오히려 순종하여 즉시 제자들에게 달려갔다.

실제로 마리아가 주님을 못 가게 붙잡았고 그것이 황급히 제지당할 심각한 문제였다면, 나중에 주님과 제자들과의 만남에도 이런 분위기가 엿보여야 한다. 하지만 전혀 그렇지 않다. 부활의 주님은 제자들과 총 세 번을 만나시는데, 숨어 있던 제자들을 스스로 찾아가셨고(요 20:19-23), 의심하는 도마를 위해 다시 찾아가셨고(요 20:24-29), 끝으로 디베랴 호수에서 제자들과 식사를 나누셨다(요 21:12-13).

이 장면들 중 어디에도 마리아에게 하신 것처럼 나를 붙잡지 말고, 나의 길을 막지 말라는 식의 말씀과 행동을 하신 적은 없다. 오히려 요한복음은 다른 복음서들과 달리 승천하시는 장면도 나오지 않고, 마치 앞으로도 예수님이 계속 제자들과 함께 계실 것 같은 분위기로 끝이 난다.

그럼에도 이 구절이 '나를 붙들지 마'라고 꾸중하신 내용이라면, 예수님이 마리아를 다른 제자들보다 차별하셨나 하는 의심도 불러일으킨다. 아니면 마리아가 혹시 예수님을 거스를 만한 행동을 한 것인가 하는 오해도 들게 한다. 이렇든 저렇든 마리아의 이미지는 타격을 입는다.

그래서 이 해석은 더 문제가 있다. 요한복음의 부활 이야기는 오히려 예수님이 마리아를 편애하셨다고 말하기 때문이다. 두 제자가 빈 무덤에 왔을 때는 안 나타나셨다가 굳이 마리아 혼자만 있을 때 등장하신 것은 그녀에게 부활의 첫 번째 증인의 명예를 주시려 한 것이다. 그래서 지금 모든 복음서가 부활의 일 번 증인으로 막달라 마리아를 기록하고 있다.

따라서 '나를 붙들지 말라'를 예수님의 승천을 막지 말라는 의미로 보기는 힘들다. 그러면 '하프토'의 원래 의미인 '나를 만지지 말라'로 다시 돌아가야 할 것 같다. 요한복음과 같은 저자가 기록한 요한일서에도 "악한 자가 그를 만지지도[하프토] 못하느니라"(요일 5:18)가 등장하기 때문이다.

하지만 '나를 만지지 말라'로 해석하면 문제가 더 복잡해진다. '붙들지 말라'는 빠져나갈 틈이라도 있었지만 '만지지 말라'는 진퇴양난이다. 결국 손짓하는 쪽은 부활체와 인간의 몸이 접촉 불가하다는 쪽이 된다. 하지만 그게 아니라는 것은 도마의 사례에서 이미 증명되었다. 그럼 도대체 이 구절을 어떻게 이해해야 할까?

이런 상황에서는 시야를 좀 더 넓혀야 한다. 요한복음의 막힌 부분을 복음서 전체로 확장하여 '하프토'의 모든 용례를 한번 살펴볼 필요가 있다. 요한복음의 여기 한 번을 빼면, 다른 복음서에서는 '하프토'가 총 33번 등장한다. 그런데 그 쓰임새가 무척 흥미롭다. 대부분 예수님과 병자와의 접촉에 사용되었기 때문이다.

예수님이 직접 병자를 만지신 경우가 11번(마 8:3; 막 1:41; 눅 5:13 등), 병자가 예수님을 만진 경우가 15번(마 9:10; 막 3:10; 눅 6:19 등), 주님이 어린이들이나 두려워하는 제자들을 만지신 장면이 3번(막 10:13; 눅 18:15; 마 17:7), 죄인 된 여인이 예수님의 발을 만진 것이 1번(눅 7:39), 이렇게 총 30번이 예수님과의 접촉이다. 나머지 3번은 '불을 켜다'의 의미로 사용되었다(눅 8:16, 11:33, 15:8. 복음서 외에 행 28:2에도 한 번 나옴).

따라서 복음서의 '하프토'는 거의 일관적으로 예수님과 인간과의 접촉에서 초자연적인 능력과 치유가 발생할 때 사용되었음을 알 수 있다. 쉽게 말해 '예수님이 인간을 만지심' 혹은 '인간이 예수님을 만짐'은 모두 하늘의 사랑과 은혜를 얻는 길이다.

따라서 이 개념은 나머지 예외적인 3번, 즉 '불을 켜다'(하프토)에도 적용 가능하다. '접촉'(하프토)을 통해 뭔가 유익한 불이 발생한다는 뜻을 품기 때문이다. 누가복음의 한 구절이 이런 하프토의 개념을 포괄적으로 잘 표현하고 있다.

> 온 무리가 예수를 만지려고[하프토] 힘쓰니 이는 능력이 예수께로부터 나와서 모든 사람을 낫게 함이러라(눅 6:19).

그렇다면 공관복음서가 일관적으로 보여 주는 '하프토'의 개념을 이제 요한복음에 적용해 보자. 아마도 이런 의미가 되지 않을까?

> 마리아야, 나를 만지지 말거라. 이제부터는 나와의 접촉이 아니라

다른 방식으로 하늘의 은혜가 주어질 것이다. 아직 내가 아버지께로 올라가지 않았기에 시작되지 않았지만 이제 올라가면 그 새 통로가 열릴 것이다.

혹자는 문제가 더 미궁에 빠졌다고 생각할 수도 있다. 아니면 예수님의 능력을 무시하는 불경한 해석이라고 말할 분도 있을 것이다. 하지만 그렇지 않다. 예수님께서 이미 '내가 아버지께로 올라간다'의 의미를 거듭 강조해서 가르치셨기 때문이다.

십자가를 앞두고 예수님은 요한복음 13장에서 17장까지 긴 설교를 행하셨다. 그 시작은 이렇다.

유월절 전에 예수께서 자기가 세상을 떠나 아버지께로 돌아가실 때가 이른 줄 아시고(요 13:1).

그러니까 앞으로 이어질 긴 설교의 주제는 자신이 아버지께로 돌아가시는 것에 대한 가르침이다. 이 당시 제자들은 십자가의 비밀을 모르는 상태였다. 그러니 아버지께로 가신다는 의미도 당연히 몰랐다. 그래서 베드로는 "주여 어디로 가시나이까"(요 13:36)라고 물었고, 도마도 "주여 주께서 어디로 가시는지 우리가 알지 못하거늘 그 길을 어찌 알겠사옵나이까"(요 14:5)라고 질문했다. 그러자 예수님은 이렇게 답변하셨다.

나를 믿는 자는 내가 하는 일을 그도 할 것이요 또한 그보다 큰일도

하리니 **이는 내가 아버지께로 감**이라(요 14:12).

예수님은 자신이 아버지께로 가시면 제자들이 위대한 신앙의 상태로 올라설 것이라고 예고하셨다. 현재의 제자들은 믿음도 지식도 없는데 어떻게 이 일이 가능할까? 예수님은 이렇게 설명하신다.

> 내가 아버지께 구하겠으니 그가 또 다른 보혜사를 너희에게 주사 영원토록 너희와 함께 있게 하리니 그는 진리의 영이라 … 그는 너희와 함께 거하심이요 또 너희 속에 계시겠음이라 … 그날에는 내가 아버지 안에, 너희가 내 안에, 내가 너희 안에 있는 것을 너희가 알리라(요 14:16-20).

아직 제자들은 성부와 성자의 일치하심, 나아가 그를 믿는 자녀들도 두 분과 일치된다는 비밀을 알지 못한다. 하지만 성령이 오시면 이 놀라운 비밀을 깨닫고 참된 신자로 거듭난다. 그런데 이렇게 만드실 성령이 오시려면 예수님이 아버지께로 가셔야만 한다. 이러한 '성령의 오심'을 약속하면서 다시 또 알쏭달쏭한 말씀을 하신다.

> 내가 너희를 고아와 같이 버려두지 아니하고 **너희에게로 오리라** 조금 있으면 세상은 다시 나를 보지 못할 것이로되 너희는 나를 보리니 이는 내가 살아 있고 너희도 살아 있겠음이라(요 14:18-19).
>
> 내가 **갔다가 너희에게로 온다** 하는 말을 너희가 들었나니 나를 사랑하였더라면 내가 **아버지께로 감**을 기뻐하였으리라(요 14:28).

여기서 "너희에게로 오리라"는 약속은 재림을 의미하는 것일까? 아니다. 왜냐하면 "너희에게로 오리라"가 "세상은 다시 나를 보지 못할 것"과 연결되기 때문이다. 알다시피 재림은 감춰지지 않고 온 천하 만인이 함께 목격할 사건이다.

그렇다면 혹시 십자가 후의 '부활' 사건을 의미하는 것일까? 그것도 아니다. 예수님은 "갔다가 너희에게로 온다"는 것이 '아버지께로 감'을 통해 이루어질 것이라고 말씀하셨다. '아버지께로 감'은 부활 후에 일어날 일이다. 따라서 '너희에게로 온다'는 것은 부활 후에 주님이 아버지께로 가시고 나서 벌어질 어떤 기쁜 일을 의미한다.

그렇다면 대체 "내가 너희를 고아와 같이 버려두지 아니하고 너희에게로 오리라"는 무슨 뜻일까? 얼핏 보면 희한한 말씀이다. 부활도 아니고 재림도 아니고, 심지어 지금 아버지께로 간다고 하시면서 결국 그것이 너희에게 오는 것이라는 뜻이다. 당시 제자들은 얼마나 이 말씀이 어려웠을까? 하지만 요한복음은 그 의미를 정확히 풀어 준다.

> 보혜사 곧 아버지께서 내 이름으로 보내실 성령 그가 너희에게 모든 것을 가르치고 **내가 너희에게 말한 모든 것을 생각나게** 하리라(요 14:26).
>
> 나의 계명을 지키는 자라야 나를 사랑하는 자니 나를 사랑하는 자는 내 아버지께 사랑을 받을 것이요 나도 그를 사랑하여 **그에게 나를 나타내리라**(요 14:21).
>
> 나를 사랑하면 내 말을 지키리니 내 아버지께서 그를 사랑하실 것이요 **우리가 그에게 가서 거처를 그와 함께**하리라(요 14:23).

예수님이 가신 후에 성령이 오시면, 그동안 주님이 가르치신 모든 것을 다시 생각나게 하신다. 그 가르침을 따라 주님의 계명을 지키면 예수님을 사랑하는 자로 인정을 받는다. 그러면 주님도 그를 사랑하여 그에게 자신을 나타내신다. 그뿐만 아니라 예수님과 하나이신 하나님께서도 그를 사랑하시고 마침내 성부와 성자가 함께 찾아오신다. 이것이 "우리가 그에게 가서 거처를 그와 함께하리라"는 약속의 뜻이다.

따라서 예수님은 지금, 본인이 세상을 떠나신 후에 어떤 존재 양식으로 제자들과 함께하실지를 말씀하셨다. 딱 잘라 말하면, 성령이 우리 안에 계시면 성부와 성자도 우리와 함께 계신다는 것이다. 이것이 바로 '너희를 고아와 같이 버려두지 않으시겠다'는 약속의 실체이다.

이 약속이 구체화된 것을 우리는 잘 안다. 예수님을 곁에 모셨던 제자들은 무력하고 비겁한 상태였다. 하지만 주님이 그들을 떠나시자 성령을 통해 오히려 위대한 신앙인으로 변했다. 심지어 예수님보다 더 넓은 세상으로 나가서 더 많은 자들에게 복음을 전하였다. 이 모든 일이 성령이 오심으로써 이루어졌다. 그래서 예수님은 이렇게 예고하신 것이다.

> 나를 믿는 자는 내가 하는 일을 그도 할 것이요 또한 그보다 큰일도 하리니 이는 내가 아버지께로 감이라(요 14:12).
>
> 내가 떠나가는 것이 너희에게 유익이라 내가 떠나가지 아니하면 보

혜사가 너희에게로 오시지 아니할 것이요 가면 내가 그를 너희에게 보내리니(요 16:7).

비록 예수님은 아버지께로 가시지만 제자들은 성령을 통해 더 큰 하늘의 은혜를 얻을 수 있다. 따라서 예수님이 마리아에게 남기신 "나를 만지지 말라"는 말씀은 이제부터 너희가 나와 직접 접촉하지 않아도 성령을 통해 하늘의 은혜와 능력을 얻을 수 있다는 뜻이다. 동시에 그것은 곧 성부·성자와 여전히 한 거처에서 살아가는 것이다.

따라서 이 말씀은 당시 부활의 현장에 있던 마리아와, 사흘 전 다락방에서 이 비밀을 배운 제자들과, 앞으로 요한복음을 읽을 모든 성도에게, 예수님이 이제 아버지께로 가셔서 성령과 거룩한 바통 터치를 하시겠다는 암시이다. 그래서 이 말씀을 하신 후, 즉시 제자들에게 가서 본인이 아버지께 올라가심을 알리라고 마리아에게 명령하신 것이다.

이후 예수님은 제자들을 찾아가서 "그들을 향하사 숨을 내쉬며 이르시되 **성령을 받으라**"(요 20:22)고 하셨다. 지금까지의 이해와 딱 들어맞는 순서이다. 그리고 여드레 후에는 의심하던 도마에게 이렇게 말씀하셨다.

너는 나를 본고로 믿느냐 **보지 못하고 믿는 자들**은 복되도다(요 20:29).

"보지 못하고 믿는 자들"이란, 예수님이 하늘로 오르시고 약 60년 뒤에 요한복음을 읽었던 당시 독자들과, 오늘날의 우리를 모두 통칭

한다. 지금 우리는 예수님의 실체를 보지 못하지만 마치 곁에 계신 것처럼 사랑하며 따른다. 예수님을 직접 만지고 접촉할 수 없어도 여전히 그분의 임재와 능력을 누리고 산다.

이것이 바로 성령의 능력이요, 이 성령을 모심으로써 우리는 변함없이 주님과 동행하게 된다. 그래서 베드로는 매우 흥미로운 고백을 남겼다.

> 예수를 너희가 **보지 못하였으나** 사랑하는도다 **이제도 보지 못하나** 믿고 말할 수 없는 영광스러운 즐거움으로 기뻐하니 믿음의 결국 곧 영혼의 구원을 받음이라(벧전 1:8-9).

베드로는 예수님을 직접 모셨던 제자다. 그러니 주님을 보지도 않고 믿는 성도들을 볼 때 얼마나 신기했을까? 무엇보다 이를 미리 아시고 성령을 내려 주신 예수님께 얼마나 감사했을까? 아마 살아생전 무수히 이렇게 고백했을 것이다. "그날 주님께서, 내가 아버지께로 떠나는 것이 너희에게 유익이라고 하신 말씀이 참으로 옳으십니다"라고 말이다.

끝으로 덧붙이면, 예수님이 마리아에게 하신 말씀이 결국 성령의 임재를 예고하신 것이라면 "나를 붙들지 말라"는 개역개정의 번역도 최종 이해에서 완전히 어긋난 것은 아니다. 성령이 오셔야 하므로 나를 붙들지 말라고 하신 것으로도 말할 수 있기 때문이다. 하지만 이렇게 말한다 해도 역시 '만지지 말라'(하프토)의 복음서적 의미가 동원되어야 완전한 설명이 될 것이다.

# 바울은 왜 권세에 복종하라고 하였을까?

성도 두 분을 며칠 간격으로 만난 적이 있다. 당연히 신앙 이야기를 나누리라 생각했는데 뜻밖에 두 분 모두 정치에 관심이 많았다. 정치성향이 반대이다 보니, 이편이 칭찬한 쪽을 저편은 욕했고 저편이 칭찬한 쪽을 이편은 비난했다. 이 정도는 이해했지만 분위기가 고조되자 자신과 입장이 다른 쪽을 모두 사악하고 믿음 없는 자들로 몰아가기 시작했다. 돌아보면 신선하고도 곤혹스러운 체험이었다.

정치적인 견해들로 나라가 시끄럽다. 교회들 간에도 입장 차이가 커서 좌우로 나뉘어 다툰다. 한 하나님을 믿는 교회 안에 이런 비극이 있어서 마음이 아프다. 하지만 깊은 골짜기를 사이에 두고 좌우로 갈린 두 편이 서로를 이해할 가능성은 희박해 보인다. 각 진영은 자신에게 유리한 성경 구절을 들이대며 각자의 입장을 고수한다. 과연 누가 맞고 누가 틀린 것일까? 혹시 우리는 지금 허깨비를 부여잡고 심봤다고 외치는 것은 아닐까?

바울 사도 당시, 수많은 나라들이 로마 황제의 권세 아래 통치를 받았다. 그래서 곳곳에 반대와 저항들이 있었다. 특히 유대인들은 목숨 걸고 로마에 저항하다가 성전이 불타고 대량학살을 당하는 비극까지 겪었다. 굳이 따지면 우리 예수님도 로마의 법정에서 돌아가셨다. 따라서 당시의 기독교는 로마 권력에 큰 반감을 갖는 것이 마땅해 보인다.

그런데 로마서의 한 구절이 우리를 당황하게 만든다. 바울은 로마 교회에게 이렇게 명령한다.

> 각 사람은 위에 있는 권세들에게 복종하라 권세는 하나님으로부터 나지 않음이 없나니 모든 권세는 다 하나님께서 정하신 바라(롬 13:1).

바울은 교회를 향하여 세상 권세에 복종할 것을 명령한다. 사실 충격적이다. 현대의 우리에게는 더욱 그렇다. 황제가 다스리던 시대에는 감수할 부분이 많았겠지만, 지금은 권력자라 해도 사실상 임기직 공무원들이다. 그렇다고 더 이상 이 시대에 적용할 수 없는 말씀이라고 할 수 있을까? 그러기는 또 힘들다. 임기마다 사람이 바뀌어도 여전히 높은 직위에는 사회를 조정할 권력이 들어 있기 때문이다.

그래서 이 '권세 복종' 명령은 받아들이기가 쉽지 않다. 과거나 지금이나 수많은 악당들이 자신의 권세를 악용하여 사회를 신음케 하는 것을 자주 목격하기 때문이다. 우리는 로마서의 이 명령을 문자 그대로 받아들여야 할까? 오히려 그런 자들에게 저항하는 것이 정의가 아닐까?

이런 의문들로 인해 이 구절은 늘 논란을 일으켰고 지금도 논쟁의

도마 위에 올라 있는 상태이다. 당연히 해석들도 다양하다. 그중 몇 가지를 나열하면 다음과 같다. 바울이 여기서 말한 권세는 세상 권세가 아니라 천사와 같은 '영적인 권세'라느니, 혹은 당시 교회에 섞여 있던 '정치적으로 과격한 이들'(특히 젤롯당)을 향한 명령이라느니, 혹은 이 본문이 로마서의 전체 흐름에 어울리지 않는 것으로 보아 '후대의 삽입'이라느니 등등이다.

최근에는 〈크리스천투데이〉라는 인터넷 신문에서 이 문제를 다루기도 했다. 존 스토트와 톰 라이트의 의견을 소개한 글이었다. 기자가 그들의 글을 직접 인용하며 나름 성실하게 소개했기에 같이 살펴보겠다.

기사에서 언급한 존 스토트의 주장은 한마디로 '하나님께 순종하기 위해 국가에 불순종할 수 있다'는 것이었다. 평상시에는 당연히 국가에 순종해야 하지만 "국가가 하나님이 금하시는 것을 명하거나 하나님이 명하시는 것을 금한다면, 우리 그리스도인들의 명백한 의무는 굴복하는 것이 아니라 저항하는 것 곧 하나님께 순종하기 위해 국가에 불순종하는 것"이라는 주장이다.

톰 라이트의 경우는 좀 더 복잡한데 인용하면 이렇다. "우리는 곧 모든 사회에는 어느 정도의 규제와 질서, 어느 정도의 통치 구조가 필요하다는 사실을 분명히 인식할 것이고, 만약 모든 사람들이 적어도 원칙적으로는 이 질서를 지키겠다고 서명하지 않는다면 … [즉, 국가가 사람들로] 그것을 지키도록 강제할 수 없다면 이 질서는 아무런 쓸모가 없다는 사실 역시 곧 인식하게 될 것"이라고 말했다([ ] 안의 내용은 이해를 돕기 위한 글쓴이의 첨언이다).

학자 아니랄까 봐 복잡하게 썼지만 톰 라이트는, 사람이 국가에 복종하는 것이 기본이라는 쪽에 기울어져 있다. 바울의 명령을 일단 수용한 것이다. 하지만 학자들은 생각보다 눈치가 빠르다. 그래서 균형을 잡으려고 다시 이렇게 말했다. "하지만 여기서 나라의 권세들은 엄격한 제한을 받는다. 통치자들은 하나님의 뜻에 의해 존재하고, 그의 기쁨이 되기 위해 존재한다"(〈크리스천투데이〉, "존 스토트·톰 라이트가 말하는 '위에 있는 권세에 복종하라'").

이른바 거장이라 불리는 두 사람의 주장이 실망스럽다. 복종해야 한다는 쪽과 저항해야 한다는 쪽의 비난을 모두 피하려는 몸부림이 역력하다. 그럼에도 현재 이런 식의 해석이 가장 그럴듯하게 받아들여지고 있는 것도 사실이다.

하지만 잘라서 말하면 이런 주장들은 모두 로마서를 제대로 읽지 못해서 나온 결론이다. 바울의 명령의 표면만 보고, 그 말이 실제로 품고 있는 상황을 몰라서 나온 오류이다. 로마서의 '권세 복종' 명령은 정치신학적인 말이 아니다. 이 속에는 로마 교회의 역사적인 배경과 로마서 전체의 흐름이 절묘하게 얽혀 있다. 이것을 깨닫고 읽으면 바울이 이런 명령을 줄 수밖에 없었던 진의를 깨닫게 된다. 이제부터 본격적으로 이를 한번 살펴보자.

먼저 로마 교회의 역사적인 배경에서 시작하겠다. 요점만 언급해 나갈 것이니 혹시 자세한 내용을 원하시는 분은《로마서 정독하기》(오경준 지음, 홍성사)를 참고하기 바란다.

로마서가 쓰인 것은 AD 57경이다. 이때까지 바울은 로마 교회를 방문한 적이 없었다. 바울은 "내가 너희에게 가려 하던 것이 여러 번

막혔더니"(롬 15:22)라고 말한다. 그럼에도 그가 로마 교회를 가려 했던 이유는 다음과 같았다.

> 또 여러 해 전부터 언제든지 서바나로 갈 때에 너희에게 가기를 바라고 있었으니 이는 지나가는 길에 너희를 보고 … 너희가 그리로 보내 주기를 바람이라(롬 15:23-24. 행 19:21도 참조).

바울은 서쪽 땅 끝인 스페인 선교를 꿈꾸면서 로마 교회가 자신의 후원자가 되어 주기를 바랐던 것이다. 바울과 로마 교회의 인연은 그 교회 출신인 '브리스길라와 아굴라'(롬 16:3-4) 부부를 만나면서 시작되었다. 부부는 로마에서 고린도로 이주한 후에 바울을 처음 만났다. 이는 "글라우디오가 모든 유대인을 명하여 로마에서 떠나라"(행 18:2)는 명령을 내렸기 때문이다.

클라우디우스 황제의 이 추방령은 동시대의 비기독교인 역사가 수에톤의 책에도 나오는데 '크레스투스'(그리스도) 때문에 일어난 유대인들 간의 갈등과 소요 때문이었다. 이 추방은 AD 49년에 있었고 로마를 떠난 부부는 운명적으로 바울을 만나 그의 충직한 제자가 되었다. 그러다가 5년 후 클라우디우스가 죽자 다시 로마로 돌아왔다.

그래서 바울은 이미 이 부부를 중심으로 최소 26명 이상의 로마 교인들과 친분을 맺고 있었다(롬 16:3-16). 그러기에 로마 교회의 사정을 잘 알고 있었다. 로마 교회는 추방령 이후, 로마를 떠나지 않아도 되었던 유대인 개종자 그룹과 추방 후에 다시 돌아온 유대인 그룹이 대립하는 형국이었다.

그런데 아이러니하게도 유대인 귀환 그룹은 바울의 가르침을 통해 율법에서 자유로운 입장이었고, 할례를 통해 목숨 걸고 유대인이 된 이방인 개종자들은 오히려 율법적이었다(이들의 대립은 롬 14장 전체에 잘 나타난다). 이 율법적인 개종자들이 바울에게 걸림돌이었다. 로마 교회가 그의 스페인 선교의 후원 기지가 되는 것을 가장 반대할 그룹이었기 때문이다.

그래서 바울은 율법을 뛰어넘는 은혜의 복음을 로마서에서 그토록 강조하고 가르친 것이다. 그렇게 복음에 대한 긴 설명(롬 1-11장)을 마친 후, 그는 곧이어 온 교회가 화목하고 마음을 합쳐야 한다고 강조하기 시작했다.

너희는 "한 몸이 되어 서로 지체가 되었느니라"(롬 12:5), "형제를 사랑하여 서로 우애하고 존경하기를 서로 먼저 하며"(롬 12:9-10), "모든 사람과 더불어 화목하라"(롬 12:18)는 권면들을 12장부터 쏟아냈다. 우리 앞에 놓인 '권세 복종' 명령(롬 13:1-7)은 바로 이런 순서를 통해 나온 것이다.

그런데 이 명령을 낳은 12장의 '화목 명령'들이 매우 독특한 틀에 담겨 있다. 그것은 바로 '선(아가도스)과 악(카코스)'이라는 개념이다. 바울은 이렇게 말한다.

> 사랑에는 거짓이 없나니 **악**을 미워하고 **선**에 속하라(롬 12:9).
>
> 할 수 있거든 너희로서는 모든 사람과 더불어 화목하라 … **악**에게 지지 말고 **선**으로 악을 이기라(롬 12:18, 21).

이 틀에서 보면, 바울이 지금 말하는 '선'은 교회가 사랑하고 화목한 상태이며 '악'은 분쟁하는 상태이다. 이 '선'의 경지, 즉 화목하여 분쟁이 없는 교회에 이르게 하려고 그는 앞에서(1-11장) 그토록 길게 복음을 설명한 것이었다. 그리고 마침내 12장에 이르러 지금까지 설명한 복음의 결론을 다음과 같이 제시했다.

> 그러므로 형제들아 내가 **하나님의 모든 자비하심**으로 너희를 권하노니 너희 몸을 하나님이 기뻐하시는 거룩한 산 제물로 드리라(롬 12:1, 원문에는 "모든"이 없음).

여기서 말한 '하나님의 자비하심'은 지금까지 설명한 바울 복음의 압축이다. '복음'이란 곧 인간을 가련히 여기신 '하나님의 자비하심'이다. 이 자비의 복음을 깨달으면 성도는 하나님께 자신을 '산 제물'로 드리게 된다. 이런 '자기희생'의 실체가 바로 12장 전체에 이어진, 서로 사랑하고 화목하여 분쟁을 버리기에 힘쓰는 것이다.

이것을 바울이 제시한 '선악' 구도의 틀에서 다시 말하면, 로마 교회가 자비의 복음을 깨달으면 마침내 '악'을 이기고 '선'에 이를 수 있다는 것이다. 여기서 우리는 바울의 '복음'과 '화목'과 '선'이 일직선상에 있음을 볼 수 있다.

복음을 깨달으면 화목을 이루고 선한 교회가 된다. 복음을 거부하면 분쟁 상태의 악한 교회가 된다. 이 모두의 근본은 바로 '복음'이다. '복음'은 '선을 이루는 열쇠'이자 '선' 그 자체이다. 이 비밀은 이미 앞에서도 선언되었었다.

> 아름답도다, 그 선한 것[아가도스]을 복음으로 전하는 자들의 발이여(롬 10:15, 저자 사역).

여기서 바울은 복음이 곧 '선한 것'(아가도스)이라고 밝힌다. 결국 그 '선'(복음)이 '선한 교회'를 만든다. 이 '선한 교회'는 바로 복음을 깨닫고 자신을 희생하여 서로 사랑하는 '화목한 교회'이다. 따라서 이제 바울의 진심이 거의 다 드러났다. 한마디로 그는 분쟁하는 로마 교회가 복음을 통해 화목하고 하나가 되기를 원했다. 그의 이러한 염원은 뒤로도 계속 이어진다.

> 이제 인내와 위로의 하나님이 너희로 그리스도 예수를 본받아 서로 뜻이 같게 하여 주사 한마음과 한 입으로 … 아버지께 영광을 돌리게 하려 하노라 … 그리스도께서 우리를 받아 하나님께 영광을 돌리심과 같이 너희도 서로 받으라(롬 15:5-7).

심지어 이 구절 직전인 로마서 14장 전체도, 분쟁하는 두 그룹을 하나 되게 하려는 바울의 고군분투로 가득하다. 그래야 로마 교회가 복음에 집중하고 바울의 스페인 선교에 기꺼이 한마음으로 동참하는 '선한' 교회가 될 수 있기 때문이다.

이런 배경을 알고 바울의 '권세 복종 명령'(롬 13:1-7)을 보면 마침내 그의 의도가 드러난다. 이 본문에서 바울은 로마 정권이 로마 교회에게 어떤 해악을 가할지도 모른다는 염려를 드러낸다. '칼', '진노', '보응' 등이 그런 정황을 담고 있다. 대체 바울은 왜 이런 위험을 감지했을까?

당연히 약 8년 전에 있었던 클라우디우스의 추방령 때문이었다. 그 추방은 그리스도에 대한 유대인들의 종교적 논쟁이 황제의 심기를 건드려서 일어난 일이었다. 비록 바울은 이를 통해 브리스길라와 아굴라 부부를 만나고 로마 교회와 인연을 맺긴 했지만, 그럼에도 이런 비극은 다시 일어나서는 안 될 일이었다.

하지만 현재 로마 교회는 그럴 가능성이 다시 농후해졌다. 이전의 유대인들처럼 심각한 분쟁에 휩싸여 있었기 때문이다. 이 당시 황제는 클라우디우스의 양자로서 뒤를 이은 네로였다. 그는 양부에 비해 인성이 더 부족한 자였다.

따라서 로마 교회의 분쟁이 심해져 또다시 황제의 심기를 건드리면 아비가 가했던 이상의 철퇴를 로마 교회에 휘두를 수도 있었다. 그러면 큰일이다. 로마 교회의 사랑하는 자들이 고통을 받아야 하고 무엇보다 자신의 스페인 선교 계획까지 큰 타격을 입는다.

이런 염려 때문에 바울은 12장에서 '교회의 화목'을 강조하다가 갑자기 13장에서 '로마의 권세자들' 이야기를 꺼낸 것이다. 이것은 '화목'을 말할 때 사용한 '선악' 구도가 이 '권세 복종' 안에서 여전히 반복되고 있음을 통해 증명된다. 바울은 로마 교회를 향해 이렇게 경고한다.

> 네가 **악**을 행하거든 두려워하라 그가 공연히 칼을 가지지 아니하였으니 곧 하나님의 사역자가 되어 **악**을 행하는 자에게 진노를 따라 보응하는 자니라(롬 13:4).

여기서 말하는 "악"을 단순히 로마법 위반으로 보는 것은 지금까지의 로마서 전개와 너무 동떨어져 있다. 이 '악'은 위에서 이미 강조했던 '악', 즉 바울의 '복음'을 거부하고 '분쟁'을 고집하는 교회의 상태이다.

일반적인 경우라면 이런 일이 황제의 분노를 살 정도는 아니다. 하지만 지금 로마의 상황은 다르다. 이전 황제 때(겨우 8년 전에) 이미 기독교적인 분쟁으로 성도들을 추방한 역사가 있었고, 지금은 그보다 훨씬 포악한 네로 황제 시대다. 따라서 바울은 지금 이런 말을 하고 있는 것이다.

> 너희가 계속 악하게 분쟁하면 황제를 두려워할 일이 또다시 생길지도 모른다. 그의 칼이 너희에게 무슨 일을 할지 모른다. 만약 계속 분쟁을 일으켜 끝내 네로의 칼을 맞는다면 그건 하나님이 황제를 사용하여 너희의 악을 보응하시는 꼴이 될 것이다.

이것은 '선'이라는 개념에도 똑같이 적용된다. 바울은 "다스리는 자들은 선한 일에 대하여 두려움이 되지 않고 악한 일에 대하여 되나니 네가 권세를 두려워하지 아니하려느냐 선을 행하라"(롬 13:3)고 말한다. 이 말씀 역시 결국 이런 뜻이다.

> 너희가 화목하여 **선한 복음**에 집중하면 황제를 두려워할 필요가 없다. 하지만 계속 **악한 분쟁**을 일삼으면 그를 두려워할 일이 생길 것이다. 그런 일이 없으려면 화목하기에 힘쓰라.

이처럼 바울은 로마 교회가 선을 택하느냐 악을 택하느냐, 다시 말해 자신의 복음을 받아들여 화목한 공동체가 되어 선교를 돕는 교회가 될 것인가, 아니면 계속 분쟁에 빠져서 사명을 무시할 것인가를 염두에 두고, 이 '권세 복종' 명령을 내린 것이다. 지금 우리에게는 낯설어도, 당시 로마 교회는 이 명령에서 과거에 강제 추방당했던 쓰라린 과거를 금세 떠올렸을 것이기 때문이다.

그렇다면 로마 교회는 바울의 권면을 받아들여서 마침내 한마음으로 그의 스페인 선교를 도왔을까? 성경에 나오지 않으므로 이것을 확정하기는 힘들다. 하지만 여러 상황을 보면 스페인 선교는 이루어지지 않았을 가능성이 높다.

바울이 실제로 로마를 방문한 것은(행 28:16) 로마 교회에 편지를 보내고 나서 4년 후인 AD 61년경이다. 로마에 도착한 그는 약 2년간 투옥 생활을 하다가 풀려난 것 같다. 이 시기의 바울을 추적할 수 있는 책은 디모데후서와 디도서인데, 여기에는 그가 스페인에 갔다 온 흔적이 보이지 않는다. 오히려 '그레데'(딛 1:5), '니고볼리'(딛 3:12) 같은 지명들이 나옴으로 바울이 예전 활동영역을 벗어나지 못한 느낌을 준다.

그렇다면 '로마서'가 전달되고 약 7년 후, 네로가 로마에서 끔찍한 기독교 박해(AD 64-68)를 일으켰다는 사실이 섬뜩하게 다가온다. 그 박해의 직접적인 피해자가 바로 로마 교회였기 때문이다. 과연 네로의 박해와 이 본문은 아무 연관이 없을까?

물론 당시 박해의 직접적인 발발 원인은 로마 교회의 분쟁 때문은 아니었다. AD 64년의 로마 대화재를 주요 원인으로 꼽는다. 하지만 그럼에도 이것과 정말 단 한 톨의 관계도 없을까? 바울의 복음을 끝내 거부하고 계속 분쟁을 야기하던 그룹이 있었다면 혹 이 '권세 복종' 명령은 애초에 그들을 향한 하나님의 경고가 아니었을까?

물론 이 모두는 글쓴이의 매우 개인적이고 조심스러운 상상이다. 게다가 당시에는 신실한 성도들도 엄청나게 순교했고, 심지어 바울도 이 박해에서 목이 잘렸다고 알려져 있다(그렇다면 그들에게는 '로마서'가 천국의 초청장이었을 것이다).

그럼에도 계속 마음에 어떤 경종이 울린다. 교회가 본질에 충실하지 않고 엉뚱한 것에 매달려 분쟁을 일삼으면 세상의 조롱과 철퇴를 맞을 수도 있다는 내용이 여전히 날 선 검처럼 다가오기 때문이다.

지금 우리 교회는 무엇에 매달려 있는가? 본질이 아닌 것에 매달려 치열하게 다투고 있지 않은가? 정작 한마음으로 집중해야 할 스페인 선교는 팽개치고 있지 않은가? 오늘날 교회에게 삐딱한 시선을 보내는 세상은, 우리의 이런 점을 지적하고 있는 중이 아닐까?

# 죽은 자를 위해 받는 세례는 무엇일까?

바울은 고린도전서 15장에서 부활에 대한 논증을 한다. 고린도 교인들 중에 "부활이 없다"(고전 15:12)고 주장하는 자들이 있었기 때문이다. 그래서 바울은 여러 가지 예를 들어 설명을 시작한다.

그 첫 번째는 "만일 죽은 자의 부활이 없으면 그리스도도 다시 살아나지 못하셨으리라"(고전 15:13)이다. 이 논증이 일리 있는 것은 바울이 지금 믿는 자들을 향해 설명하고 있기 때문이다. 기독교 신앙에는 예수님의 부활이 절대 필수이다. 이를 믿지 않는데 본인이 신앙인이라고 우기는 건 자기모순이다(실제로 그런 가짜들이 스스로 유식한 신앙인인 척 존재하는 것도 현실이다).

그래서 바울은 "그리스도께서 다시 살아나신 일이 없으면 너희의 믿음도 헛되고 너희가 여전히 죄 가운데 있을 것"(고전 15:17)이라고 말한다. 이 말에는 정상적인 신앙의 색채와 목표가 담겨 있다.

우리가 예수님을 믿는 것은 "그리스도 안에서 모든 사람이 삶을 얻으리라"(고전 15:22)는 소망 때문이다. 이 소망이 없다면 십자가의 사랑도 허상일 뿐이다. 이 소망이 있으므로 하나님께 감사하며 주님의 뜻을 따르고, 세상에서 손해와 고난을 감수한다. 부활의 날에 영온한 승리를 얻을 것이기 때문이다. 따라서 부활을 믿지 않고 신앙 생활을 한다는 말은 어불성설이다. 이것을 바울은 매우 직접적으로 밝힌다.

> 만일 그리스도 안에서 우리가 바라는 것이 다만 이 세상의 삶뿐이면 모든 사람 가운데 우리가 더욱 불쌍한 자이리라(고전 15:19).
> 죽은 자가 다시 살아나지 못한다면 내일 죽을 터이니 먹고 마시자 하리라(고전 15:32).

참 솔직하고 정곡을 찌르는 말씀이다. 부활의 소망이 없는데 경건한 믿음 생활을 한다는 것은 어리석은 일이다. 이 짧은 인생이 전부라면 남보다 더 누리고 더 즐기며 사는 것이 오히려 지혜롭다.

하지만 그날에 부활하여 하나님 앞에 설 것을 믿기에 우리는 지금 예수님의 십자가를 따른다. "주님 안에서 죽는 사람들은 복이 있다. … 그들은 수고를 그치고 쉬게 될 것이다. 그들이 행한 일이 그들을 따라다니기 때문이다"(계 14:13, 새번역). 따라서 바울은 지금 부활을 반대하는 교인들에게 이런 말을 하는 것이다. '부활도 안 믿으면서 지금 교회에 나와서 뭐하시는 겁니까?'

부활에 대한 바울의 두 번째 예시는 더욱 흥미롭다. 바울은 이렇게 말한다.

> 만일 죽은 자들이 도무지 다시 살아나지 못하면 죽은 자들을 위하여 세례를 받는 자들이 무엇을 하겠느냐(고전 15:29).

이 구절은 신약에서 손꼽히는 난제이다. 누군가 믿지 않고 죽었는데 산 사람이 그를 대신해서 세례를 받으면 그에게 부활의 특권이 주어진다는 말처럼 들리기 때문이다. 이것은 당연히 기독교의 기본 사상에 위배된다. 예수님의 십자가 외에, 다른 사람의 특정 행위를 통해서 구원을 받는다는 말은 성경에 없다.

그러므로 이런 돌발적인 구절은 검증 없이 곧장 인용하면 절대 안 된다. 보이는 문자 너머에 진짜 의미가 숨어 있을 가능성이 높기 때문이다. 그래서 많은 이들이 이 난제를 설명하려고 시도해 왔다. 이 글을 쓰는 본인도 많은 고민을 해왔지만 쉽게 결론을 얻기가 힘들었다. 성경 안에서 이와 연관된 사상이나 비교거리를 찾기 어려운 터라 다른 학자들의 견해를 다방면으로 탐색해 보았다. 그 내용을 몇 가지 소개해 보겠다.

첫 번째 의견은 이 난제를 문자 그대로 받아들이자는 입장이다. 그 당시에 죽은 자들을 대신하여 세례받는 의식이 교회 안에 실제로 있었다는 것이다. 하지만 이미 설명한 대로 이것은 성경의 중심 사상에 어긋난다. 부자와 나사로의 비유가 말하듯이 살아 있을 동안에는 기회가 있지만 죽은 후에는 결코 돌이킬 수가 없다. 한 번 죽는 것은 사람에게 정해진 것이고 그 후에는 오직 심판뿐이다(히 9:27). 이것이 성경의 기본 사상이므로 이 본문(전 15:29)을 문자적으로 받아들일 수는 없다.

그래서 어떤 이는 이때의 죽은 자를 실제로 죽은 자가 아니라 '영이 죽은 자'라고 해석한다. 이처럼 영이 죽은 자들을 위해 신자들이 열심히 섬기고 세례까지 대신 받아 줄 정도로(혹은 각오로) 노력하면 그들도 부활의 은혜를 얻지 않겠는가 하는 해석이다. 이에 대한 증거로 그 뒤에 이어지는 "나는 날마다 죽노라"(고전 15:31)를 거론하기도 한다. 바울이 말하는 이 죽음도 실제로 육체가 죽는 것은 아니지 않느냐고 말이다.

하지만 이 해석은 본문의 상황에 어긋난다. 바울은 지금 실제적인 육체의 죽음과 부활에 대해 긴 논증을 하는 중이다. 그런데 갑자기 '영이 죽은 사람'을 운운하는 것은 노선을 이탈한 해석이다. 게다가 바울이 "날마다 죽노라"고 한 것도 육신의 진짜 죽음을 의미한다.

이 고백을 철학적이고 명상적인 자기부인으로 착각하면 안 된다. 그 위에 나온 "어찌하여 우리가 언제나 위험을 무릅쓰리요"(고전 15:30)의 증거물로 제출된 것이기 때문이다. 바울은 지금 부활이 없는데 왜 내가 복음을 위해 위험한 삶을 살겠냐고 고백한 것이다. 그 위험한 삶이 바로 '날마다 죽는 삶'이다.

이 삶의 실체는 다음 절에서 곧 밝혀진다. 바울은 '내가 에베소에서 맹수와 더불어 싸웠다'(고전 15:32)고 말한다. 이것은 추상적인 죽음이 아니라 실제로 짐승에 뜯어 먹힐 위험이다. 이처럼 죽음의 위기를 날마다 코앞에 두고 사는 이유는 바로 내가 부활을 믿기 때문이라는 말이다.

그러다 보니 조금 더 바울 사상에 입각해서 해석하려는 시도도 있다. 로마서에서 바울은 세례를 '예수의 죽음과 합하는 것'(롬 6:3), 다시 말해 '옛사람 즉 죄의 몸이 죽는 것'(롬 6:6)이라고 설명한다. 그러므로 여기 나오는 죽은 자들은 자기의 죄 된 몸을 죽이기 위해서 세례를 받는 자들이라는 주장이다. 즉 '죽은 자를 위한 세례'에서 '죽은 자'는 곧 자신의 '옛사람'이라는 말이다.

상당히 차원 높은 해석이지만 이 역시 동일한 반박을 받을 수밖에 없다. 바울은 지금 그런 추상적인 신학을 논하는 것이 아니다. 그는 지금 '썩을 육체가 땅에 묻히고 썩지 아니할 것으로 다시 살아나는'(고전 15:42) 실제적인 육체의 죽음과 부활 이야기를 하는 중이다.

그래서 나온 또 다른 해석은 '죽은 자를 위한 세례'를 '죽은 자를 향한 세례'로 보는 것이다. 여기에 사용된 전치사 '휘페르'를 '위한'이 아니라 '향한' 또는 '목표로 하는'으로 해석하는 것이다. 그러면 이때의 '죽은 자'는 불신자가 아니라 오히려 믿음을 갖고 죽은 성도가 된다. 그러니까 결국 '나도 그 성도들처럼 구원받기 위함을 목표로 세례를 받는다'는 것이다.

이 해석도 많은 고민 끝에 나온 시도이지만 역시 억지스럽다. '휘페르'의 사전적 의미는 부수적인 것까지 다 찾아도 '~를 대신하여', '~을 위하여', '~에 대하여', '~이상으로'이다. 즉 휘페르가 '~을 목표로'나 '~을 향하여'의 의미를 품는 경우는 거의 없다.

그런 의미를 주려면 '에이스'(영어로는 into)라는 전치사가 더 제격이고, 바울은 이 단어를 고린도전서 안에서 상당히 즐겨 사용했다(총 45번). 하지만 '휘페르'는 여기 말고 총 8번 더 사용했는데 '위하여'가 3번(고전 1:13, 11:24, 15:3), '대하여'가 3번(고전 4:6b, 10:30, 12:25), '이상으로'가 2번(고전 4:6a, 10:13)이다. 즉 이것이 '~을 목표로'라는 의미로 쓰인 사례는 전혀 없다. 따라서 이 해석 역시 받아들이기 힘들다.

이상의 결과들을 고려하면, 바울이 지금 살아 있는 누군가가 죽은 자를 대신해서 세례받는 이야기를 하는 것은 맞는 것 같다. 그렇다면 대체 왜 이런 이상한 개념을 불쑥 말했을까. 만약 이것의 의미가 문자대로라면 바울이 그토록 강조하던 믿음의 복음이 무색해진다. 예수님을 믿지 않고 죽어도 구원 얻을 길이 열리기 때문이다. 따라서 이 대리 세례 사상은 분명히 바울의 것은 아니다.

그래서 나온 또 다른 해석이 있다. 그것은 이 대리 세례가 당시 이단들 속에서 행해졌다는 주장이다. 그들의 이단적인 대리 세례 행태를 바울이 역설적으로 인용해서 부활을 강조했다는 것이다. 얼핏 이해하기 힘든 주장 같지만 어느 정도 일리가 있다. 어떤 주제를 변증할 때 이런 기법을 생각보다 자주 사용하기 때문이다.

예를 들어 자주 등장하는 설교 예화 중에 이런 것이 있다. "여러분, 이슬람의 코란에도 예수님이 등장하십니다. 그들은 예수님을 신으로 믿지 않지만, 큰 능력을 가진 선지자로는 인정합니다. 얼마나 주님이 위대하시면 신앙이 없는 그들도 이렇게 믿겠습니까."

바울도 지금 이와 비슷한 논증을 하고 있다는 것이다. 풀어서 다시 설명하면 다음과 같다.

> 고린도 교회야, 이단들이 죽은 자들을 부활에 참여시키려고 대리 세례받는 것 알지? 그릇된 이단들도 부활을 믿고 이런 짓을 하는데 하물며 너희 가운데 어찌 부활이 없다고 말하는 자가 있을 수 있느냐?

이 해석이 더욱 일리가 있는 것은(이하는 본인의 연구결과이다), 먼저 이 구절의 주어가 모두 3인칭인 '그들'이라는 것이다. 바울은 부활 논증 전체에서 거의 1인칭과 2인칭만 사용했다. 즉 '우리'(고전 15:3,

14, 19, 30, 31, 49, 51, 52등)와 '너희'(고전 15:12, 14, 17, 31, 34, 51, 58)라는 구도가 주를 이룬다. 하지만 이 본문을 원문으로 직역하면 다음과 같다.

> 죽은 자들을 위하여 세례를 받는 자들은 무엇을 행할 것인가. 만일 죽은 자가 도무지 살지 못한다면, 왜 **그들**은 **그들**[죽은 자들]을 위하여 세례를 받는가(고전 15:29, 저자 사역).

바울은 유독 이 대리 세례 구절에만 엉뚱하게 '그들'을 등장시킨다. 만약 이 풍습이 당시 정통 교회의 것이었다면 바울은 '왜 너희가(혹은 우리가) 너희의(혹은 우리의) 죽은 자를 위하여 대신 세례를 받는가'라고 말하는 것이 옳다. 하지만 바울은 '왜 **그들**이 **그들**의 죽은 자들을 위하여 세례를 받는가'라고 말한다.

이것은 그 세례가 정통 교회 밖에서 행해진 것임을 암시한다. 하지만 이것만으로 증거가 다 충족된 것은 아니다. 바울 당시에 진짜로 이런 풍습을 가진 이단이 있었는지를 확인할 수가 없기 때문이다. 다만 조금 나중 시대에 비슷한 증언이 나온 사례는 하나 있다.

AD 4세기경 '크리소스톰'(황금의 입이란 뜻)이라는 명설교자가 있었다. 이분의 설교 가운데 이 구절을 자세히 설명한 부분이 남아 있다. 그의 해석은 위에서 살펴본, 세례를 통해 '죄의 몸' 곧 '옛사람'이 죽는다는 사상과 거의 같다. 그는 '만약 부활이 없다면 왜 당신은 죽은 자를 위하여, 즉 당신의 그 죽을 몸을 위해서 세례를 받느냐'고 말했다. 이 해석의 문제점은 앞에서 이미 지적하였고, 무엇보다 바울은 지금 '너희'의 세례가 아니라 '그들'의 세례에 대해 말하고 있음을 알아야 한다.

그런데 크리소스톰은 이 설교를 하면서 한 가지 재미있는 예화를 전해 준다. 초기 기독교 이단인 마르키온의 풍습을 소개한 것인데, 그 이단은 미처 세례를 못 받고 죽은 자를 위해 다른 동료가 죽은 자의 침상 아래 숨어서 대신 세례 문답을 하고 세례를 받았다는 것이다.

물론 이러한 마르키온의 풍습은 고린도전서의 이 '대리 세례' 구절을 잘못 읽고 문자 그대로 받아들인 결과였다(크리소스톰도 이것을 지적한다). 그럼에도 이 이단의 창시자인 마르키온이 바울시대와 꽤 가까운 AD 85년생이라는 사실은, 미미하지만 혹 조금 더 이전인 바울 당시에도 비슷한 일이 있지 않았을까 하는 추정의 씨앗을 남겨 준다.

여하튼 완전한 증거는 없지만, 바울이 당시 이단들의 대리세례 의식을 고린도 교회의 부활 논증에 역설적으로 인용했을 가능성은 여전히 어느 정도 유효한 것 같다. 물론 미진한 부분이 있는 것도 사실이어서 더 확실한 지혜를 간구하는 중이다. 하지만 이 소망이 이뤄지지 않더라도 이후 천국에 가면 얼굴과 얼굴을 맞댄 것처럼 모든 비밀을 환히 들여다볼 것이다. 그때까지 "견실하며 흔들리지 말고 항상 주의 일에 더욱 힘쓰는 자"(고전 15:58)가 되어 주님이 주실 부활의 감격을 꼭 맛보고 싶다.

# 믿는 자는 결코 심판을 받지 않을까?

우리는 믿음으로 구원을 받는다. 그렇다면 구원이 뭘까? 어떤 위험한 상황으로부터 벗어나는 것이다. '구원'으로 번역된 헬라어 '소조'는 뭔가 위험한 것으로부터 보호된다는 뜻이다. 그렇다면 그 위험은 무엇인가? 세상에는 수많은 위험이 있다. 따라서 그 위험을 보는 관점에 따라 구원의 의미가 조금씩 달라진다.

성경은 인간에게 가장 위험한 것이 '심판'이라고 말한다. 성경 곳곳에는 심판에 대한 경고가 가득하다. 신구약 전체에 걸쳐 이 경고는 200회 이상 반복된다. 그러면 심판은 무엇인가? 하나님께서 인간을 재판하시는 것이다. 주된 안건은 각 사람의 죄이다. 하나님께서는 그 사람의 죄의 여부를 살피시고, 죄인으로 판단되면 가차 없이 지옥에 던지신다.

그래서 '심판'을 의미하는 '크리시스'는 '판단하다'와 '처벌하다'의 뜻을 동시에 품고 있다. 예수님은 바리새인들에게 이렇게 외치셨다. "뱀들아 독사의 새끼들아 너희가 어떻게 지옥의 **판결**을 피하겠느냐"(마 23:33). 이때의 '판결'이 '크리시스'이다. 이 단어를 '처벌'로 바꿔도 동일한 의미이다.

따라서 예수님을 믿고 구원을 받는다는 의미는 분명하다. 이 무서운 심판과 처벌에서 벗어나는 것이다. 그래서 성경은 구세주 예수님을 이렇게 소개한다.

> 아들을 낳으리니 이름을 예수라 하라 이는 그가 자기 백성을 그들의 죄에서 구원할 자이심이라(마 1:21).

예수님의 사명에 대해 이보다 더 분명한 정의는 없다. 예수님은 심판의 근본 원인인 죄로부터 인간을 구원하려고 오신 분이다. 따라서 "그를 믿는 자는 심판을 받지 아니하는 것"(요 3:18)이라는 요한복음의 선언은 구원의 본질을 명확히 보여 준다. 요한복음에는 이와 같은 개념이 자주 반복된다.

> 내 말을 듣고 또 나 보내신 이를 믿는 자는 영생을 얻었고 심판에 이르지 아니하나니 사망에서 생명으로 옮겼느니라(요 5:24).
> 선한 일을 행한 자는 생명의 부활로, 악한 일을 행한 자는 심판의 부활로 나오리라(요 5:29).

이상의 말씀들은, 예수님을 믿으면 이제 심판과 아무 관련이 없음을 보여 준다. 참으로 기쁜 소식이다. 하지만 성경에는 이와 반대되는 구절들도 나온다. 상식적인 차원에서 믿는 자는 심판을 받지 않아야 정상이다. 그럼에도 믿는 자가 심판에서 자유롭지 않을 것 같은 분위기가 꽤 자주 발견된다. 예를 들어 로마서는 이렇게 말한다.

네가 어찌하여 네 형제를 비판하느냐 어찌하여 네 형제를 업신여기느냐 우리가 다 하나님의 심판대 앞에 서리라(롬 14:10).

여기 등장하는 "네 형제"는 로마서 14장의 정황상 명백하게 한 교회 식구이다. 바울은 지금 교회 안에서 서로 다투는 두 그룹, 즉 특정 음식을 '먹지 않는다고 업신여기는 그룹'과 '먹는다고 비판하는 그룹'(롬 14:3) 둘 다에게 이 경고를 하고 있다. 아무리 믿는 자라도 서로 업신여기고 비판하면 모두 하나님의 심판대 앞에 설 것이라는 말이다.

물론 심판대 앞에 섬과 심판받음이 곧장 일치하는 것은 아니다. 성경은 이것을 구분하고 있다. 모든 인간이 일단 심판대 앞에 서야 하는 것은 맞다. 계시록에는 "크고 흰 보좌"(계 20:11) 앞에 이 땅에 존재했던 모든 인간이 서서 심판받는 장면이 나온다. 거기서 인간은 "자기 행위를 따라 책들에 기록된 대로 심판을" 받는다(계 20:12). 이 심판대 위에는 각 사람의 모든 행위가 기록된 "책들"(books, 계 20:12)이 놓여 있다.

하지만 본격 재판이 열리기 전에 먼저 일차 심사가 행해진다. 이 심판대 위에는 행위 기록 책들 말고 단수로 표현된 "또 다른 책"(another book, 계 20:12)도 있다. 그 책은 바로 "생명책"(계 20:12)이다. 일차 심사는 바로 이 생명책에 이름이 있는지를 확인하는 것이다. 그래서 여기에 이름이 기록된 자는 본 심판에서 제외된다. 재판관이 그의 행위 기록 책들을 펼치지 않고 즉시 천국을 허락하신다. 하지만 "누구든지 생명책에 기록되지 못한 자는 불못에 던져"지고 만다(계 20:15).

따라서 생명책에 이름이 기록된 사람들은 심판대 앞에 서긴 하지만 본격적인 행위의 심판은 받지 않는다. 그래서 예수님은 "귀신들이 너희에게 항복하는 것으로 기뻐하지 말고 너희 이름이 하늘에 기록된 것으로 기뻐하라"(눅 10:20)고 하셨다. 주님께 구원받고 이름이 생명책에 기록된 것은 이토록 감격스러운 일이다. 바울도 다윗의 시를 인용하여 이런 고백을 한다. "불법이 사함을 받고 죄가 가리어짐을 받는 사람들은 복이 있고 주께서 그 죄를 인정하지 아니하실 사람은 복이 있도다"(롬 4:7-8).

하지만 여전히 문제가 남아 있다. 아무리 감안하고 읽어도 바울이 로마 교회에게 던진 말씀은 이 내용과 다소 거리가 있다. 분명히 이 경고에는 성도들이 심판대에 섰을 때 일차 심사만이 아니라 행위까지 판단하실 분위기가 엿보인다. 그렇다면 여기 나온 교인들은 본래부터 생명책에서 빠진 자들이란 말인가? 그러면 편지 서두에서 바울이 "로마에서 하나님의 사랑하심을 받고 성도로 부르심을 받은 모든 자"(롬 1:7)에게 은혜와 평강을 기원한 것이 쉽게 무색해진다.

문제는 이런 분위기가 로마서에만 나오는 것이 아니라는 사실이다. 바울은 고린도 교회에도 비슷한 말씀을 전하고 있다.

> 이는 우리가 다 반드시 그리스도의 심판대 앞에 나타나게 되어 각각 선악 간에 그 몸으로 행한 것을 따라 받으려 함이라(고후 5:10).

이 말씀은 로마서보다 더 섬뜩하다. 로마서의 말씀은 교회 안에서 다투는 악당(?)들을 향한 말씀이지만, 이 본문의 배경은 누군가를 직접 지목한 것이 아니다. 따라서 여기 등장하는 "우리"는 고린도 교인들뿐 아니라 바울 자신을 포함하여 모든 믿는 자들에게 적용이 가능하다.

무엇보다 진짜로 불안한 것은 여기에 '선악 간에 그 몸으로 행한 것을 따라 받는다'는 말이 붙어 있는 것이다. 물론 이 '받을 것'을 하나님의 칭찬으로 여길 수도 있다. "몸으로 행한 것"이 선한 것이면 그로 인해 칭찬을 받을 것이다. 하지만 "선악 간"이란 말에는 '악'도 함께 있다. 그래서 문제가 심각해진다. 믿는 자는 생명책에 기록됨으로 악행의 처벌을 받지 않아야 정상이다. 그런데도 바울은 우리도 악에 대한 보응을 받아야 할 것처럼 기록하고 있다. 도대체 이것을 어떻게 해석해야 할까?

그런데 바울만 이런 말을 한 것이 아니다. 야고보도 흡사한 가르침을 펼치고 있다.

> 내 형제들아 너희는 선생 된 우리가 **더 큰 심판을 받을 줄 알고** 선생이 많이 되지 말라(약 3:1).

여기서 야고보는 자신이 앞으로 심판받을 것으로 생각하고 있다고 고백한다. 그런데 그 표현 중에 "더 큰 심판"이라는 말이 심각하다. 비교급으로 나온 이 표현은 선생들뿐 아니라 다른 성도들까지도, 비록 좀 작을 수는 있지만, 어쨌든 심판을 받을 것이라는 의미를 내포한다. 이 역시도 위에 나온 바울의 주장과 크게 다르지 않다.

이상의 관찰들을 통해 우리는 결국 심각한 질문 위에 선다. 과연 믿는 자는 심판을 받을까, 받지 않을까? 복음은 분명히 믿는 자는 심판을 받지 않는다고 말한다. 하지만 복음을 선포하던 사도들은 자신을 포함하여 모든 믿는 자들이 심판을 받는다고 말한다. 도대체 어느 쪽이 옳은가?

이 논쟁이 심화되면 이렇게 확장된다. 한 번 구원받으면 영원히 구원을 놓치지 않는가? 혹은 구원을 잃어버릴 수도 있는가? 만약 한 번 구원받은 자가 절대로 구원에서 제외되지 않는다면 땅에서 어떤 잘못을 저지른다 해도 결코 심판을 받지 않을 것이다. 하지만 구원을 잃을 수 있다고 하면 교회의 일원이 되었다 해도 심판에서 자유롭지 못할 것이다.

어느 것이 옳을까? 사실 이 논쟁은 지금도 계속 이어지고 있다(어떤 이는 이것을 '칼빈주의와 아르미안주의의 대립'으로 말하는데, 칼빈주의는 믿을 자가 이미 예정되었다는 이중예정을 말하기 때문에 전제부터 다르다). 하지만 결론부터 말하면 이런 식의 논쟁은 별로 큰 의미가 없다.

우리는 성경을 보면서 어떤 개념을 자꾸 조직화하고 특정 교리로 만들려는 경향이 있다. 모든 것을 대입해서 규칙적인 답을 얻는 하나의 공식을 만들려 한다. 물론 교회는 정확한 교리 정립을 위해 끝없이 노력해야 한다. 하지만 하나의 공식과 같은 교리가 성경의 모든 내용을 모조리 감싸 안을 수 없음도 인정해야 한다. 그래프의 점근선처럼 끝없이 가까워지는 것은 가능하지만 성경에서 인간이 끄집어 낸 교리가 성경 전체를 정복할 수는 없다. 성경의 각 본문은 교과서적인 공식을 선언하기보다 그 말씀이 나오게 된 다양한 입장과 상황을 내포한다. 말씀을 기록한 자와 읽는 자의 입장, 그 말씀을 특정 시점에 특정 대상에게 주신 상황까지 촘촘하고 다양하게 얽혀 있다.

이런 정황들을 무시하거나 단순화시켜서 'A = A´'라는 식의 결론을 내리는 것은 무모하고 독선적이다. 성경 자체의 넓이와 깊이보다 인간의 해석을 더 가치 있게 보는 것이기 때문이다. 기독교가 손가락질당하는 이유 중 상당 부분이 이런 단순 무지한 태도에서 비롯되었다.

지금 우리가 다시 살피고 있는 '복음과 구원'도 마찬가지다. 복음은 교회가 가장 많이 설명하고 공식화하여 가르치는 항목이다. 이 경우 복음이란 인간의 죄와 심판에 대한 영적인 구원을 의미한다(물론 사회복음주의 계열은 좀 다르다). 이 구원은 오직 예수님의 사랑을 믿고 고백하는 자에게 주어진다. 유치부 어린이부터 장로 권사들까지 신자라면 모두 아는 기본 지식이다.

하지만 앞서 말한 대로 이런 복음에 대한 이해 역시 단순한 공식처럼 되어 버렸다. 숫자를 대입하면 정답이 나오듯이 믿음을 고백하면 쿵 하고 즉시 구원이 떨어진다는 식이다. 이것은 복음 같지만 진정한 복음은 아니다. 복음 속에는 절대 간과하면 안 될 두 입장이 공존하기 때문이다.

복음은 인간에게 은혜가 주어지는 것이다. 이 은혜를 통해 인간은 값없이 구원을 받는다. 누구도 부인할 수 없는 성경의 선언이다. 하지만 이 은혜는 땅에 떨어진 것을 줍는 것이 아니라 누군가 베풀었기에 받는 것이다. 즉 수여자와 수혜자라는 개념이 반드시 존재한다. 이때 수여자는 하나님이시고 수혜자는 인간이다.

그렇다면 하나님은 왜 우리에게 은혜를 주셨는가? 성경은 "하나님이 세상을 이처럼 사랑하사"(요 3:16) 이 은혜를 주셨다고 알려 준다. 그렇다면 그 사랑을 입고 은혜를 받은 우리는 수여자에게 어떤 태도를 가져야 할까? 성경은 마땅히 "너희는 또한 감사하는 자가 되라"(골 3:15. 그 외 롬 6:17, 7:25; 고전 15:57; 엡 5:20; 살후 2:13 등)고 가르친다.

너무 당연한 말씀이다. 우리도 누군가 어린 자녀에게 선물을 주면 그 자리에서 "감사합니다, 해야지"라고 가르친다. 이처럼 수여에는 사랑이, 수혜에는 감사가 존재한다. 이 사랑과 감사는 복음을 이해하는 데 반드시 고려해야 할 관계이다. 하지만 모든 경우에 항상 같은 무게로 사랑과 감사가 작용하는 건 아니다. 주는 이와 받는 이의 위치와 수여되는 선물의 질에 따라 의미가 자주 달라진다.

예를 들면 일국의 정상이 타국을 방문할 때 그 나라 정상에게 선물을 건네는 경우가 있다. 보기 좋은 장면이지만 여기에 수여자의 진실한 사랑과 수혜자의 진심 어린 감사를 기대하기는 힘들다. 국가 정상들 간의 요식적인 만남이고 그 선물이 상대에게 없어서 안 될 물건은 아니기 때문이다.

하지만 주는 자와 받는 자의 간격이 클수록 사랑과 감사는 심화된다. 유행하던 TV 프로그램 중에 유명인들이 옛 친구나 은사를 찾는 방송이 있었다. 그때 나온 친구나 은사들을 보면 공통적으로 자기를 찾아 준 유명인에게 고마움을 연발했다. 기억 못 할 만큼 먼 거리에 있다고 생각했던 유명인이 자신을 찾아 준 감격과 감사가 크기 때문이다.

물론 이와 비교할 바도 아니지만, 은혜의 수여자인 하나님과 수혜자인 인간 사이의 간격은 너무너무 크다. 온 우주에 존재하는 그 어떤 관계보다 거대하다. 우리는 너무 이기적이어서 하나님의 사랑을 쉽고 당연하게 받아들이는 경향이 있다. 과장해서 표현하면 '하나님이 너를 사랑하신다'는 소식에 '당연하지. 누가 나를 사랑하지 않겠어'라고 무의식적으로 생각한다.

하지만 하나님의 사랑과 은혜가 주어졌다는 것은 본래 감히 생각할 수도 없는 신비이다. 하나님과 인간 사이에 명백한 신분이 존재하기 때문이다. 임금이 노비를 아껴 주었다는 이야기 정도로는 비길 수도 없는 경이로움이 하나님의 은혜 속에 담겨 있다. 창조주와 피조물 간의 사랑이요 심판자가 처벌할 죄인에게 주신 은혜이기 때문이다.

따라서 복음 속에는 이 간격을 스스로 파괴하신 하나님의 결단이 존재한다. 심판자의 자기희생이 필수라는 말이다. 이 결단의 과정을 진심으로 깨달으면 성도의 마음에 '겸손과 감사'가 뒤따름이 당연하다. 무엇보다 그렇게 얻은 은혜의 가치를 생각하면 말할 것도 없다. 그것은 궁극적으로 구원이기 때문이다.

이미 살펴보았지만 구원에는 인간의 가련한 운명이 전제되어 있다. 모든 인간이 당해야 할 육체의 죽음과 그 이후의 영원한 죽음 곧 지옥에서 멸망할 운명이다. 여기로부터 해방시켜 주신 것이 구원이다. 유한한 인간에게 이보다 큰 선물은 없다.

그런데 여기에 폭탄 같은 진실이 하나 더 들어 있다. 이 구원을 주시려고 하나님께서 자기 아들을 십자가에 죽이셨다는 것이다. 가슴

이 찢어지는 성부의 결단과 그 고통을 감내하신 성자의 피눈물이 이 구원을 완성하셨다. 두 분의 엄청난 결단을 통해 우리가 구원을 받은 것이다.

그래서 성경은 이것을 "하나님의 은혜와 또한 한 사람 예수 그리스도의 은혜로 말미암은 선물"(롬 5:15)이라고 표현한다. 과연 우리는 이 진술에 담긴 우주적인 무게를 얼마나 느끼고 있을까? 죽을 수밖에 없는 사형수의 운명과 이를 가련히 여기신 하나님의 사랑을 온전히 체감해야만 이 구원의 진정한 가치를 깨달을 수 있다.

그러므로 한 사람이 복음을 믿고 구원을 받았다는 것은 엄청난 일이다. 단순히 '나는 믿는다. 고로 나는 구원받았다'라는 한 줄의 공식일 수가 없다. 이 선물을 받고 깨달은 자에게는 뼈저린 자각들이 시작된다. 죽고 멸망할 인간 실존의 가련함과 이런 자를 위해 자기 아들을 죽이신 하나님의 결단, 믿음이란 이 모두를 품고 일생 되새기는 과정이다.

그러므로 구원받은 자는 구원의 가치를 날마다 더 깊이 깨닫는다. 감격과 감사도 함께 깊어진다. 그 외에 다른 것이 존재할 수 없다. 따라서 모든 신앙적인 행위는 이 감사 위에 놓인다. 찬양도, 기도도, 예배도, 헌금도, 구제도, 봉사도 모든 것이 하나님의 구원에 대한 감사에서 나오는 것이 마땅하다.

하지만 이 감사 속에 반대되는 요소도 필연적으로 존재한다. 그것은 두려움과 겸손이다. 한때 큰 병을 앓았던 사람이 건강을 회복하면 평생 병의 재발을 두려워하고 매일 상태를 체크하게 된다. 구원받은 백성도 마찬가지다. 은혜의 본질을 알기에 그 은혜가 사라지는 상황이 얼마나 두려운지도 잘 안다.

그러므로 구원받은 감격 속에서도 날마다 자신을 돌아보고 점검한다. 심판의 두려움을 알기에 다시 그 상황에 놓일까 염려하게 된다. 구원을 선물하신 분이 본래 심판하실 분이셨으므로 더욱 그렇다. 그래서 성도는 심판에서 벗어났음에도 다시 심판을 염두에 두고 산다. 구원의 감격과 두려움이 공존하는 상태가 된다.

그래서 믿는 자는 웃다가 울다가를 반복한다. 항상 웃기만 하는 신앙도, 내내 울기만 하는 신앙도 모두 문제가 있다. 기도원에 가면 한쪽에서는 기쁘게 찬양하고 다른 쪽에서는 가슴을 치며 통곡한다. 왜 그런가? 받은 은혜를 깨달을 때 기쁨이 몰려오다가, 어느 순간 자신의 연약함을 깨닫고 다시 떨며 회개하는 것이다. 천국에 이를 때까지 이 순환은 지속적으로 반복되면서 우리를 성결하게 다듬는다.

그래서 바울은 한편으로 "감사하는 마음으로 하나님을 찬양"하라(골 3:16) 권하고, 또 한편으로는 "두렵고 떨림으로 너희 구원을 이루라"(빌 2:12)고 말한다. 여기에 열쇠가 있다. 복음은 하나님의 주도적인 선언이다. 그러므로 주님은 인간을 향해 얼마든지 "두려워하지 말고 믿기만 하라"(막 5:36; 눅 8:50) 하시고, "내가 결코 너희를 버리지 아니하고 너희를 떠나지 아니하리라"(히 13:5)고 단언하실 수 있다.

하지만 이것은 은혜를 베푸시는 쪽에서만 가능한 말이다. 은혜를 받은 쪽에서 철없이 내뱉을 말이 아니다. 수여하신 분과 받은 쪽의 입장은 전혀 다르다. 하나님은 무한한 사랑으로 거저 주셨지만, 받은 쪽은 그 은혜의 크기와 가치를 알면 알수록 놀랍고 두려워 할 말이 없어진다. 입을 막고 서둘러 자신부터 돌아본다.

내가 무엇이기에 이 큰 사랑이 주어졌는가? 내게 과연 이 은혜를 받을 자격이 있는가? 살면서 자신의 연약함을 깨달으면 깨달을수록 이 고백은 더 깊어진다. 동시에 이 은혜가 사라져 다시 심판받으면 큰일이라는 두려움도 자주 밀려온다. 이것이 복음을 믿는 성도의 심연이다.

그러므로 우리는 바르게 성숙할 필요가 있다. 값없는 복음을 강조하다 보니 언제부턴가 하나님과 대등한 자리에서 복음을 이해하고 논했다. 그래서 감사와 겸손이 빠진 거짓 믿음이 퍼졌고, 하나님을 향하여 호령하는 것이 좋은 믿음처럼 왜곡되었다. 구원을 주시고, 다른 것도 다 주신다 해놓고 왜 약속 안 지키느냐는 식의 태도가 교회와 신앙에 침투해 들어왔다. 말 그대로 '보따리 내놓으라는 심보'이다. 심지어 이 심보를 긍정하고 키우는 것이 좋은 믿음이라고 가르치는 자들도 있다. 이런 믿음은 결국 자기가 복음의 수여자 자리에 서려는 교만이다.

물론 그럴 상황이 있기는 있다. 불신자에게 전도할 때나 믿음이 연약한 초신자들에게 하나님의 입장을 대신하여 값없는 은혜와 사랑을 외칠 수 있다. 하지만 이것은 타인을 구원하기 위한 사명의 차원임을 각성해야 한다.

그리스도인이라면 자기 자신에게는 절대 엄격해져야 한다. 날마다 하나님의 사랑의 가치를 더 깨닫고 감격과 겸손을 잊지 않도록 애써야 한다. 혹시라도 받은 은혜를 잃어버리고 다시 심판대에 서게 될지 모른다는 두려움을 마음 한곳에 간직하고 날마다 나를 쳐서 복종시켜야 한다.

그렇다면 다시 첫 질문으로 돌아가 보자. 복음의 은혜를 얻은 자는 심판을 받지 않는가? 당연하다. 하지만 이것은 은혜받은 인간이 자기 입으로 함부로 떠들 말이 아니다. 은혜의 수여자이신 주님만이 선언하실 수 있는 지극히 황송한 개념이다.

은혜를 얻은 자는 그 크신 사랑에 입을 다물고 자신을 돌아봐야 한다. 혹시라도 이전의 죄인 상태로 주님께 발견될까 두려워하며 날마다 하나님의 뜻을 되새기며 살아야 한다. 그래서 야고보 선생은 이렇게 말한 것이다.

> 너희는 자유의 율법대로 **심판받을 자처럼** 말도 하고 행하기도 하라 (약 2:12).

야고보는 지금 우리에게 이렇게 말하는 것이다. "너희가 구원받았다고 심판에서 다 벗어난 것처럼 교만하게 살면 안 된다." 그렇다면 이제, 한 번 받은 구원을 빼앗길 수 있는가 없는가 하는 논쟁이 왜 무의미한지도 깨달을 수 있다. 그 판단 역시 오직 하나님만 하실 수 있다.

누군가 한 번 받은 구원은 무슨 짓을 해도 절대 빼앗기지 않는다는 신념을 품고 마구 선포한다면 이것은 무서운 교만이다. 스스로 하나님이 되어 자기와 타인에게 은혜를 베풀려는 착각이다. 인간에게는 절대 그럴 권한이 없다. 진실한 성도는 반대 입장에 선다. 내게 주신 이 은혜를 혹 잃어버릴까 염려하며 날마다 노심초사 경성함이 정상이다.

물론 지금까지 쏟아낸 부족한 설명 역시도, 모든 상황에 다 적용될 수는 없다. 한 번 받은 은혜는 절대 사라지지 않고 다시는 심판이 없다고 강조해야 할 경우도 있다. 그것은 바로 사탄과 죄악 앞에서다. 우리가 죄에 걸려 넘어졌을 때 사탄은 우리로 자포자기하게 만들려고 애쓴다.

이런 경우에는 나를 향하신 하나님의 사랑이 결코 변치 않으신다는 말씀을 그놈 앞에 선포하며 회개하고 일어서야 한다. 혹 어떤 때에는 불신자나 죄책에 빠져 고민하는 형제자매를 만날 때도 있다. 이때도 하나님이 결코 우리를 버리지 않으신다는 약속을 강조하며 일어서게 도와야 한다. 이렇든 저렇든 최종 목표는 겸손히 회개하고 다시 믿음의 길에 서는 것이다.

하지만 우리는 반대일 때가 많다. 하나님의 사랑을 자신에게 이기적으로 적용하기를 좋아한다. 그러다 보니 신앙의 연조가 쌓였지만 믿음이 외려 퇴보하는 경우도 많다. 바리새인처럼 자기 잘못은 보지 않고 남의 흠만 기막히게 찾아내어 정죄하는 경우다. 이처럼 은혜를 자신에게는 관대하게 남에게는 인색하게 적용하는 것은 날마다 경계해야 할 일이다. 내게 엄격하고 남은 최대한 이해하는 쪽이 옳다.

이스라엘 역사에 포악한 아합 왕이 있었다. 그가 경건한 나봇을 죽이고 그의 포도원을 차지하자 엘리야가 찾아와서 하나님의 경고를 전하였고, 그러자 아합은 예상치 못한 반응을 보인다.

> 네가 네 자신을 팔아 여호와 보시기에 악을 행하였으므로 여호와의 말씀이 내가 재앙을 네게 내려 너를 쓸어버리되(왕상 21:20-21. 저주가

24절까지 이어짐).

> 아합이 이 모든 말씀을 들을 때에 그의 옷을 찢고 굵은 베로 몸을 동이고 금식하고 굵은 베에 누우며 또 풀이 죽어 다니더라(왕상 21:27).

솔직히 누가 봐도 아합은 가증하다. 그는 진심으로 회개하지 않았고 이후에 그것이 다 드러난다. 엘리야의 하나님이 두려워 겉으로만 보여 주려는 쇼가 분명하다. 하지만 하나님은 엉뚱하게도 엘리야에게 이렇게 말씀하신다.

> 아합이 내 앞에서 겸비함을 보느냐 그가 내 앞에서 겸비하므로 내가 재앙을 저의 시대에는 내리지 아니하고 그 아들의 시대에야 그의 집에 재앙을 내리리라(왕상 21:29).

이 이야기를 보면서 어떤 생각이 드는가? 하나님이 아합에게 속으신 것 같은 생각이 든다. 누가 봐도 얄팍한 회개에 너무 쉽게 노를 푸시는 것 같다. 하지만 이 말씀은 죄인을 아끼시는 하나님의 마음을 단적으로 보여 준다. 우리에게 이것이 잘 안 다가오는 것은 성경을 읽으면서 아합을 스스로 정죄하고 있기 때문이다.

이것은 성경을 바르게 읽는 자세가 아니다. 이 구절의 참 의미를 알려면 내가 바로 아합 같은 죄인임을 깨달아야 한다. 그럴 때 비로소 하나님의 사랑이 보인다. 하지만 신앙생활을 좀 하다 보면 좋은 말을 너무 많이 들어서 그런지, 나 자신을 자주 고난받는 의인이나 정의의 사도로 착각한다. 하지만 성경의 핵심은 내가 죽을 수밖에 없는 죄인임을(혹은 이었음을) 일깨워 주는 데 있다.

따라서 이런 구절을 읽을 때 가장 바람직한 자세는 나 자신 속에 있는 아합과 같은 탐욕과 잔인성을 살피는 것이다. 그럴 때 비로소 의아한 말씀이 은혜로 다가온다. 아합 같은 죄인도 머리 숙이면 하나님의 마음을 움직일 수 있구나, 나도 주님 앞에 늘 겸비해야겠구나 하고 말이다.

그런데 이게 잘 안 된다. 나는 의롭고 상대는 악한 편으로 구분해야 마음이 편안하다. 그래서 남의 흠을 보면 동일시는커녕 기어이 그를 죄인으로 만들어 나 자신의 의를 확인하려 한다. 그러면 안 된다. 참된 성도는 늘 자신을 낮추어야 한다. 낮추되 끝까지 내려야 한다. 이 겸손이 주님을 감동시키는 힘이다.

예수님 당시 이기적인 믿음의 대표주자들로 바리새인이 있었다. 그들은 자신의 깨끗함을 강조하고 남의 더러움을 비판하며 살았다. 주님은 이런 자들을 엄하게 꾸짖으셨다. 하지만 솔직히 바리새인 정도만 되어도 양반이다. 그들은 그래도 말씀을 지키려고 노력했다.

복음을 잘못 이해하면 크리스천은 바리새인들보다 더 무서운 자리에 설 수 있다. 도저히 넘어갈 수 없는 죄를 저지르고도 쉽게 용서받았다고 하면서 하나님을 내세우곤 한다. 타인에게 큰 고통을 주고도 하나님께 용서받았다고 뻔뻔하게 말하는 이들도 있다. 가슴 아프지만 교회 지도자들 가운데 이런 자들이 많다.

우리가 반드시 알아야 할 것이 있다. 하나님은 회개를 기뻐하신다. 하지만 참된 회개는 개인적인 차원만으로는 절대 불가능하다. 그건 회개의 출발일 뿐이다. 진정한 회개는 그 죄로 인해 피해 입은 사람과 피해 상황 전반에 대한 사과와 보상을 동반해야 한다. 죄를 짓고 스스로 겪은 양심의 아픔 정도를 죄의 보상으로 미화하면 안 된다. 나도 얼마나 힘들었겠냐고 징징대면 안 된다. 그건 제 손으로 찌른 눈이 받을 당연한 고통일 뿐이다.

성경은 "회개에 합당한 열매"를 맺으라(마 3:8; 눅 3:8)고 강조한다. 삭개오가 주님께 남긴 "만일 누구의 것을 속여 빼앗은 일이 있으면 네 갑절이나 갚겠나이다"(눅 19:8)라는 고백이 진정한 회개이다. 그래서 껍질로만 회개하는 척했던 아합은 끝내 비참한 최후를 맞이하였다. 열매가 없는 거짓된 회개였기 때문이다.

그릇된 복음은 자신이 하나님이 되어 스스로를 쾌히 용서한다. 이런 태도는 그 회개가 애초에 잘못된 것임을 반증한다. 다윗은 우리아와 밧세바에게 큰 죄를 범했지만 회개하고 하나님께 분명히 용서를 받았다. 나단 선지자를 통해 "여호와께서도 당신의 죄를 사하셨"다(삼하 12:13)는 선언을 들었다.

하지만 다윗은 이후로 내 죄가 다 사라졌고 나는 의인이 되었다고 큰소리치며 살지 않았다. 오히려 압살롬의 난으로 피난 가면서 시므이가 나타나 자신을 욕할 때 "그가 저주하는 것은 여호와께서 그에게 다윗을 저주하라 하심이니 … 저주하게 버려두라"(삼하 16:10-11)고 말한다. 이것이 용서받은 자의 겸손이다.

자신을 쉽게 용서하는 사람은 남들에게 "너희는 그런 죄가 없냐"며 물고 들어가기도 한다. 이 역시 이기적인 복음의 폐해이다. 진실로 죄를 아파하고 가슴을 쳐본 사람은 부끄러워서 이런 말을 할 생각도 못 한다. 그런 지적은 간음한 여자 입에서 나올 말이 아니다. 오직 그 곁에 서신 예수님만이 하실 수 있는 말이다.

진정한 회개는 죄에 대한 자각과 두려움과 떨림이다. 그래서 탕자는 죄를 깨닫고 돌아갈 때 "내가 하늘과 아버지께 죄를 지었사오니 지금부터는 아버지의 아들이라 일컬음을 감당하지 못하겠나이다 나를 품꾼의 하나로 보소서"(눅 15:18-19)라고 고백하였다.

이제 긴 이야기를 정리해 보자. 복음의 은혜가 값없이 주어짐은 스여자 하나님의 놀라운 사랑이다. 하지만 그 사랑을 받은 자는 감사와 떨림으로 받은 은혜에 합당치 못한 자로 발견될까 두려워함이 다땅하다. 이 겸손이 몸에 배어 있던 초대교회 성도들은, 그래서 자신이 심판대에 다시 설 것처럼 살았던 것이다. 이렇게 고백하면서 말이다.

> 내가 내 몸을 쳐 복종하게 함은 내가 남에게 전파한 후에 자신이 도리어 버림을 당할까 두려워함이로다(고전 9:27).

위대한 사도들도 심판대에 다시 설지 모른다는 떨림으로 살았다. 이것이 그들의 신앙을 위대하게 만든 원동력이다. 값싼 복음이 난무하는 지금, 은혜받은 자의 감격과 감사와 두려움과 떨림이 내 안에 날마다 충만하기를 소망한다.

# 에피메니데스의 역설이 왜 참일까?

바울은 제자인 디도를 그레데(지금의 크레타)섬에 남겨두고 떠났다. 이후 그에게 편지를 쓰면서 "내가 너를 그레데에 남겨둔 이유는 남은 일을 정리하고 내가 명한 대로 각 성에 장로들을 세우게 하려" 한다(딛 1:5)고 말했다. 아마 그는 디도를 통해 그레데의 교회들이 체계적으로 성숙하기를 원했던 것 같다. 그런데 이 편지에다 바울은 흥미로운 말을 첨가했다.

> 그레데인 중의 어떤 선지자가 말하되 그레데인들은 항상 거짓말쟁이며 악한 짐승이며 배만 위하는 게으름뱅이라 하니 이 증언이 참되도다(딛 1:12-13).

"그레데인 중의 어떤 선지자"라는 사람은 바울보다 약 600년 전에 태어난 '에피메니데스'를 일컫는다. 그가 쓴 〈크레티카〉라는 시에 "모든 크레타인은 거짓말쟁이"라는 문장이 나온다. 바울이 에피메니데스의 말을 인용한 이유는 간단하다. 그레데 사람들이 문제가 많으니 조심해서 목회하라는 것이다. 오죽하면 같은 출신인 에피메니데스조차 자기 민족을 거짓말쟁이고 악한 짐승이라고 했겠냐고 말이다.

그런데 이 말은 색다른 방향에서 관심거리가 되었다. 논리학에서 흔히 '에피메니데스의 역설'이라는 명칭으로 자주 거론된다. 그 내용은 이렇다.

> 에피메니데스는 모든 그레데 사람을 거짓말쟁이라고 했다. 이 말을 한 에피메니데스도 그레데 사람이다. 따라서 그의 말이 참이면 에피메니데스도 거짓말쟁이가 된다. 그러면 모든 그레데 사람은 거짓말쟁이가 아닌 게 되고 동시에 에피메니데스도 거짓말쟁이가 아니므로 그의 말은 다시 참말이 된다. 그러면 그레데 사람은 다시 거짓말쟁이가 되고 에피메니데스는 또 거짓말쟁이가 되어서 … 결국 이 명제는 참도 거짓도 될 수 없는 모순이다.

이러한 '에피메니데스의 역설'은 논리학에 관심이 있다면 누구나 한번쯤 거치는 대표적인 패러독스이다(물론 위의 논리에 대한 여러 반박도 있다). 문제는 바울이 그의 말을 인용하면서 마지막에 붙인 말이다. 그는 "이 증언이 참되도다"라고 단정 짓고 있다.

그래서 우리는 이 문제를 가볍게 넘길 수가 없다. 세상이 모순이라고 하는 것을 성경이 참이라고 하기 때문이다. 논리적으로는 에피메니데스의 명제가 효력을 가질 수 없다. 하지만 세상에는 이런 식의 모순이 가득하다. 참과 거짓이 뒤섞이고 참으로 시작해서 거짓으로 끝나는 경우도 많다.

외국의 한 고속도로 휴게실에서 주인이 착각하여 거금이 든 상자를 손님에게 줘 버렸다. 망연자실해 있는데 그 손님이 일부러 먼 길을 돌아와 돈을 돌려주었다. 주인은 감탄하여 이런 의인을 널리 알려야 한다고 지역 신문사에 전화하려 했다. 손님이 극구 사양하자 겸손하기까지 하다며 재차 다이얼을 돌렸다. 그러자 급히 주인의 손을 막으며 그가 나지막이 말했다. 자기는 지금 아내 몰래 딴 여자랑 여행 중이라고 말이다.

인간은 내심 정의를 바란다. 이를 실현하고자 문제를 고치고 더 좋은 세상을 만들려고 한다. 하지만 그 노력이 온전한 결과를 못 가져오는 경우가 허다하다. 문제를 해결했나 싶으면 또 다른 문제가 찾아오고 악순환이 이어진다. 늘 산 넘어 산이요 물 건너 물이다. 도대체 왜 이럴까?

이유는 간단하다. 사람이 사람의 문제를 고치려 하기 때문이다. 사람 속에 있는 문제를 사람이 고치려는 노력은 성공할 수 없다. 문제를 풀려는 사람 자체가 문제 있는 존재이기 때문이다. 성경은 이것을 자주 지적한다. '의인은 없나니 하나도 없다'(롬 3:10)고 말이다. 상처가 아무리 깊어도 구정물로 소독할 수 없듯이 악으로 악이 치료될 수 없다.

이것은 에피메니데스의 역설과 일치한다. 그의 비판이 모순인 것은 그도 역시 그레데 사람이기 때문이다. 하지만 지금 성경은 이 모순된 명제에 대하여 "이 증언이 참되도다"라고 말하고 있다. 논리적으로 참일 수 없는 명제가 참이 되는 길은 무엇인가? 이런 고민이 우리를 신비의 세계로 인도한다.

이 역설이 참이 되려면 에피메니데스가 그레데 사람이 아니면 된다. 하지만 이미 그레데 사람이라고 전제되어 있다. 그렇다면 또 다른 역설이 필요하다. 그가 그레데 사람이면서 그레데 사람이 아니면 된다. 이걸 이렇게 적용해 보자. 세상의 모순을 참되게 하려면 사람이면서 사람이 아닌 존재가 치료하면 된다. 기이하게도 인류 역사에 이 역설을 충족시킬 한 인물이 있다. 바로 예수 그리스도시다.

지난 2천 년간 온 세상이 예수님을 주목해 온 것은 그분이 엄청난 역설의 소유자였기 때문이다. 세상에 속하였지만 속하지 않았고, 인간이지만 하나님이라는 것이다. 구약성경은 이것을 이렇게 소개한다.

> 베들레헴 에브라다야 너는 유다 족속 중에 작을지라도 이스라엘을 다스릴 자가 네게서 내게로 나올 것이라 그의 근본은 상고에, 영원에 있느니라(미 5:2).

베들레헴 말구유에 아기로 나신 예수님은 분명히 사람이다. 하지만 성경은 그의 근본이 "상고에, 영원에" 있다고 말한다. 상고(上古)는 '가장 오래전'이란 뜻으로, 그 아기가 영원하신 하나님과 같은 근본을 갖고 있다는 말이다. 요한복음은 이를 더 자세히 묘사한다.

> 태초에 말씀이 계시니라 이 말씀이 하나님과 함께 계셨으니 이 말씀은 곧 하나님이시니라(요 1:1).
> 말씀이 육신이 되어 우리 가운데 거하시매 우리가 그의 영광을 보니 아버지의 독생자의 영광이요 은혜와 진리가 충만하더라(요 1:14).

구약에 예언된 베들레헴의 아기를, 신약은 태초부터 계셨던 하나님으로 증언한다. 놀랍게도 그 하나님이 육신이 되어서 이 세상에 오셨다. 그러니 그분은 세상에 속하였지만 속하지 않는 분이다.

에피메니데스의 역설은 여기서부터 풀리기 시작한다. 사람의 문제를 사람이 풀려고 하면 실패한다. 하지만 그 사람들 가운데 하나님이신 사람이 나타난 것이다. 육신이 되신 하나님은 인간들에게 에피메니데스와 동일한 비판을 던지셨다.

> 세상이 너희를 미워하지 아니하되 나를 미워하나니 이는 내가 세상의 일들을 악하다고 증언함이라(요 7:7).
> 그 정죄는 이것이니 곧 빛이 세상에 왔으되 사람들이 자기 행위가 악하므로 빛보다 어둠을 더 사랑한 것이니라(요 3:19).

예수님은 인간들에게 '세상의 일들이 악하다'고 외치셨다. 여기서 세상은 곧 '세상 사람들'을 가리킨다. 그래서 이 말에 사람들이 분노하고 주님을 미워한 것이다. 자기들의 악한 행위가 그분의 빛에 드러났기 때문이다. 이것은 다른 복음서에서도 마찬가지다. 주님이 가장 먼저 외치신 말씀은 "회개하라 천국이 가까이 왔느니라"(마 3:2, 4:17; 막 1:15)였다. 회개는 본래 죄인을 향한 것이다.

이 땅에 오신 하나님의 사역은 이처럼 인간이 악하다는 지적과 함께 시작되었다. 인간은 근본적으로 타인의 죄를 지적할 자격이 없다. 세상에 속한 모든 이가 악하기 때문이다. 그 누구도 에피메니데스의 모순을 벗어날 수 없다. 하지만 드디어 그럴 자격을 가진 존재가 나타났다. 세상에 속하였지만 속하지 않았고, 인간이지만 하나님이신 분이다. 그러므로 그의 지적은 참되고 진실하다.

하지만 그게 다라면 아무리 옳아도 독설일 뿐이다. 주님의 지적은 비난이 아니라 진단이셨다. 바른 진단에서 참된 치료가 시작된다. 심각한 진단을 받으면 일단 거부하는 경향이 있다. 하지만 병을 인정해야 치료가 진행된다. 인간이 악하다고 외치신 주님은 이를 받아들인 자들을 곧 치료의 단계로 이끄신다. 그래서 다시 이렇게 외치셨다.

> 예수께서 또 말씀하여 이르시되 나는 세상의 빛이니 나를 따르는 자는 어둠에 다니지 아니하고 생명의 빛을 얻으리라(요 8:12).

예수님의 뼈아픈 진단을 믿고 따르면 그의 영과 육에 생명의 빛이 쪼여진다. 이 빛은 참된 효력이 있어 죽어 가는 인간을 살린다. 그래서 예수님은 생명의 빛이다. 하지만 이 말을 들은 바리새인들은 이렇게 반박한다.

> 네가 너 자신에 대하여 증언하니 네 증언은 참되지 아니하다(요 8:13, 저자 사역).

흥미롭게도 바리새인들 역시 에피메니데스의 역설을 사용한다. 그레데 사람이 그레데 사람을 지적하면 참일 수가 없듯이, 육체를 가진 예수가 영원한 생명을 인간에게 준다는 것은 참이 될 수 없다는 말이다. 그러자 주님은 이렇게 대답하셨다.

> 예수께서 대답하여 이르시되 내가 나에 대하여 증언하여도 내 증언은 참되니, 나는 내가 어디서 왔으며 어디로 가는지를 알기 때문이지만 그러나 너희는 내가 어디서 와서 어디로 가는지를 알지 못한다(요 8:14, 저자 사역).

인간의 논리로 반박하는 그들에게, 예수님은 그럼에도 "내 증언이 참되니"(알레떼스 에스틴 헤 마르뛰리아)라고 말씀하셨다. 이것은 디도서의 "이 증언이 참되도다"(헤 마르뛰리아 하우테 에스틴 알레떼스)와 거의 같은 문장이다(헬라어는 어순이 비교적 자유롭다).

주님은 자신의 증언이 참된 이유를 뭐라고 하시는가? "내가 어디서 왔으며 어디로 가는지를 알기 때문"이라고 밝히신다. 예수님은 지금 세상 속에 한 인간으로 계신다. 하지만 본래는 하늘로부터 오셨고 다시 하늘로 올라가실 분이다. 이는 곧 내가 인간이지만 본래 하나님이시라는 대답이다. 이것은 에피메니데스의 역설을 참말이 되게 할 유일한 조건이다.

놀랍게도 인간의 죄악을 지적하신 하나님은 그 죄의 처벌까지 지고 스스로 십자가에서 죽으셨다. 이로써 거짓말쟁이고 악한 짐승이며 자기 배만 위하다 죽을 인생들에게 하늘의 길이 열렸다. "하나님이 그 아들을 세상에 보내신 것은 세상을 심판하려 하심이 아니요 그로 말미암아 세상이 구원을 받게 하려 하심이라"(요 3:17)는 약속을 이루신 것이다.

이 모든 구원의 과정을 보면 성경에 에피메니데스가 '선지자'라고 기록된 것이 이해가 간다. 역사 속의 그는 선지자도, 심지어 신앙인도 아니었다. 그럼에도 선지자로 지칭된 것은 그의 역설이 오직 신앙적인 차원으로만 풀리기 때문이다.

선지자는 하늘의 진리를 전하는 사람이다. 인간 '에피메니데스'의 증언에는 절대로 '참되도다'가 붙을 수 없다. 세상의 본질적인 오류를 드러내는 역설일 뿐이다. 하지만 이 모순이 예수님께 맡겨지면 하늘의 문이 열린다. 인간이면서 하나님이신 생명의 빛을 만날 수 있다. 그래서 디도서의 말씀은 이렇게 이어진다.

> 이 증언이 참되도다 그러므로 네가 그들을 엄히 꾸짖으라 이는 그들로 하여금 믿음을 온전하게 하고 유대인의 허탄한 이야기와 진리를 배반하는 사람들의 명령을 따르지 않게 하려 함이라(딛 1:13-14).

바울은 디도에게 죄악에 빠진 자들을 엄히 꾸짖어 세상이 아니라 온전한 믿음을 따르게 하라고 명령한다. 현대에 빈발하는 목회자 세미나에서 누가 이런 말을 하면 정신병자 취급을 할 것이다. 교회가 텅텅 빌 것이라고 반발할 것이다. 맞다. 잘못을 엄히 지적받으면 누구나 기분이 나쁘다.

하지만 우리 믿음의 선배들을 보라. 그들의 대화 내용은 지금 우리 안에 무엇이 결여되어 있는지 여실히 보여 준다. 우리의 교회가 "경건의 모양은 있으나 경건의 능력은 부인"하게(딤후 3:5) 된 것은 듣기 좋은 말에 길들여져 있기 때문이다. 하나님의 말씀은 때로 위로도 되지만 궁극적으로는 인간의 죄를 찌른다.

성경은 인간을 "교훈과 책망과 바르게 함과 의로 교육"하는(딤후 3:16) 책이다. 그 말씀 앞에 온전히 서면 우리는 거짓말쟁이요 악한 짐승이요 자기 배만 위하는 존재임을 깨닫는다. 이럴 때 바리새인처럼 반발하는 자가 되면 안 된다. 세상을 악하다 하신 지적에 겸허히 무릎 꿇는 자가 생명의 빛을 얻는다. 그래서 바울의 명령은 이렇게 이어진다.

> 그가 우리를 대신하여 자신을 주심은 모든 불법에서 우리를 속량하시고 우리를 깨끗하게 하사 선한 일을 열심히 하는 자기 백성이 되게 하려 하심이라(딛 2:14).

인간의 죄를 지적하신 예수님은 그 죄의 처벌까지 스스로 담당하셨다. 이 놀라운 사랑을 믿고 하나님의 자녀가 된 사람은 악에서 벗어나 하늘의 선한 백성이 된다. 그러므로 에피메니데스의 지적은 더 이상 역설이나 모순이 아니다. 오히려 참된 치료의 시작이요 천국의 문고리이다.

인간이 거짓말쟁이요 악한 짐승이요 자기 배만 위하는 존재라는 지적은 본래 예수님의 것이기 때문이다. 하나님이신 주님의 이 말씀에 겸허히 수긍하는 사람은 생명과 치유를 얻는다. 나아가 바울과 디도처럼 이 복음을 이웃에게 전하는 자는 사도의 반열에 함께 서게 될 것이다.

우리도 전에는 어리석은 자요 순종하지 아니한 자요 속은 자요 여러 가지 정욕과 행락에 종노릇한 자요 악독과 투기를 일삼은 자요 가증스러운 자요 피차 미워한 자였으나 우리 구주 하나님의 자비와 사람 사랑하심이 나타날 때에 우리를 구원하시되 우리가 행한 바 의로운 행위로 말미암지 아니하고 오직 그의 긍휼하심을 따라 중생의 씻음과 성령의 새롭게 하심으로 하셨나니 우리 구주 예수 그리스도로 말미암아 우리에게 그 성령을 풍성히 부어 주사 우리로 그의 은혜를 힘입어 의롭다 하심을 얻어 영생의 소망을 따라 상속자가 되게 하려 하심이라 이 말이 미쁘도다 원하건대 너는 이 여러 것에 대하여 굳세게 말하라 이는 하나님을 믿는 자들로 하여금 조심하여 선한 일을 힘쓰게 하려 함이라 이것은 아름다우며 사람들에게 유익하니라(딛 3:3-8).

# 신은 자기가 들 수 없는 바위를 만들 수 있을까?

어떤 기획사 대표가 3인조 남성 가수 팀을 불러놓고 레슨하는 영상을 보게 되었다. 피아노를 치며 음정 박자를 지시하고 거기에 맞춰 노래하는 청년들을 보는데 그 위로 오랜 기억이 겹쳐졌다. 거의 반세기 전, 고향 교회에서 전도사님이 피아노에 앉아 학생 중창단을 지도하던 모습이었다.

영상 속의 대표도 믿는 집안 출신이라는데, 어쩌면 그때의 경험으로 지금 자기 사업을 하는 게 아닌가 하는 생각이 들었다. 또한 서부 개척 시절 미국의 천막 부흥회가 대형 콘서트의 효시가 되었다는 어느 역사학자의 말도 떠올랐다.

교회가 대한민국 청년문화의 집결지였던 시기가 있었다. 교회에 가면 희귀한 조명과 기타와 시낭송과 연극이 있었다. 이때를 교회에서 보낸 기성세대들은 행복했다. 하지만 지금 기독 청년들은 힘든 길을 걷는 중이다. 세상 문화가 월등히 앞선 가운데 교회와 신앙을 거세게 비난하기 때문이다. 방어막이 되어 줄 교회 안에도 기성세대의 '라떼는' 문화가 젊은이들의 고뇌에 자주 찬물을 끼얹는다.

그럼에도 스스로 믿음을 지키려는 청년들의 갸륵한 노력은 그치지 않는다. 얼마 전 한 유튜브에서 세상의 도전 앞에 논리적으로 믿음을 설명하는 청년들의 변증대회가 있었다. '홀리컴뱃'이라는 이 대회를 보면서, 어쩌면 기독교를 향한 현세의 비난이 오히려 알곡을 모아 재정비하시려는 하나님의 계획이 아닐까 하는 생각도 들었다. 이처럼 귀한 청년들에게 힘든 신앙의 길을 물려준 일인으로서 정말 사과드리고, 동시에 그들을 통해 받는 은혜가 값져서 감사를 드린다.

그런데 이 대회의 주제 중에 이런 것이 있었다. "신은 자기가 들 수 없는 바위를 만들 수 있는가?" 신의 전능성을 공격할 때 자주 등장하는 이 명제는 일종의 외통수다. 어떤 식으로든 하나님을 옭아매기 때문에 세상이 자주 쏘아대는 질문이다. 만들 수 있다고 하면 신의 전능이 비전능에 이르고, 못 만든다고 하면 게임 끝이다.

사실 글쓴이 본인도 오래전 교회 청년들에게 이 주제를 자주 던졌었다. 하나님이 전능하지 않다고 말하려는 의도는 당연히 아니었다. 오히려 이를 통해 하나님의 참마음에 이르려 한 것이다. 그 내용을 둔한 손으로 설명하려 하니 독자들께 참고가 되었으면 좋겠다.

하나님을 소개할 때 교회는 그분의 능력부터 강조하는 경향이 있다. 신은 전지전능, 무소부재, 영원불변하며 다른 어떤 잡신과도 비길 수 없다는 것이다. 당연히 옳다. 하지만 이것은 기독교의 핵심을 향한 전제일 뿐이다. 이처럼 위대하심에도 불구하고 신이 스스로를 낮추사 인간에게 베푸신 사랑이 진짜 핵심이다.

하지만 전제를 너무 강조하다가 핵심을 흐리는 경향이 있다. 이것은 절대 주님이 원하시는 것이 아니다. 하나님은 내가 높여서 높아지고, 능력을 인정해서 위대하신 분이 아니다. 그저 홀로 높고 이미 위대하시다. 신의 우월성에 과하게 집착하는 것은 오히려 우리의 이기심일 수 있다. 내가 선택한 신은 누구와 경쟁해서 지면 안 되고 무한한 효용가치를 가져야 한다는 생각 말이다. 개인적인 견해지만, 신의 주권과 권능에 과도 집착하는 사람은 그분과의 순수한 관계를 많이 못 경험해서 그런 것 같다.

바울의 말처럼 사람의 예를 하나 들어서 설명하겠다(롬 6:19; 고전 9:8; 갈 3:15 등). 드라마에서 한 여인이 어떤 남자와 사랑에 빠졌다. 그 남자는 사실 엄청난 재벌이었지만 순수한 사랑을 위해 정체를 밝히지 않았다. 하지만 여인은 어느 날 남자의 정체를 알게 되었다. 그럴 때 여성 주인공은 보통 어떤 모습을 보이는가? 사랑의 위기를 표현할 확률이 높다. 그런데 오히려 동네방네 다니면서 내 남자는 재산이 수천 억이고 롤스로이스를 타고 다닌다고 자랑하는 장면으로 이어지면 극 전개상 느낌이 온다. 둘의 사랑은 행복하지 못한 결말을 맞이할 확률이 높다.

우리도 하나님을 그런 식으로 대할 때가 많다. 신과 인간의 순수한 사랑보다 그가 얼마나 큰 능력자이고 얼마나 많은 것을 베풀 능력이 있는지 자랑하는 게 일순위이다. 세상은 지금 그런 기독교에 식상해서, 그럼 "너희 신은 자기가 들 수 없는 바위를 만들 수 있는가?"라며 조소를 던지는 것이다. 이들의 반발에 교회는 황급히 설명을 시도한다. 하지만 외통수에 막히면 돌변하여 이런 악한 세상과는 대화가 불가능하다고 선을 긋는다. 그래서 하나님과 인간을 오히려 단절시키는 오류에 빠진다.

이제는 신이 원하시는 방향으로 전환해야 한다. 완전에 대한 집착은 더 고결한 완전을 훼손할 수 있다. 세상의 외통수에 대한 답은 이미 성경에 나와 있다. 아니 그 답을 알려 주려고 쓰인 것이 성경이다. 하나님은 스스로 고백하셨다. 내가 이미 감당 못 할 바위를 만들었다고.

그 바위는 바로 우리 인간이다. 하나님은 인간을 창조하신 후, 한탄하고 고민하다 결국 인간의 손에 잡혀 죽으셨다. 니체만 신이 죽었다고 말한 것이 아니다. 성경은 더욱 큰 소리로 말한다. '신이 죽었다, 너희들 때문에'라고 말이다. 다음 구절들을 보자.

> 세상은 그로 말미암아 지은 바 되었으되 세상이 그를 알지 못하였고 자기 땅에 오매 자기 백성이 영접하지 아니하였으나(요 1:10-11), 예수를 무슨 방도로 죽일까 궁리하니(눅 22:2), 십자가에 못 박으니라(막 15:25).

여기에 기독교 신앙의 모든 것이 녹아 있다. 이 핵심을 흐리고 신의 위대함만 강조하는 것은 공허한 메아리요 유대교에 대한 굴복일 뿐이다.

그렇다면 혹자는 말할 것이다. "신의 인간 창조가 실패였다는 말인가?" 물론 아니다. 오히려 정반대다. 신이 인간에게 배신당한 것은 너무 잘 만드셨기 때문이다. 신의 전능이 과하게 넘쳐서 나온 작품이 인간이다.

신은 애초에 신이 아니라 인간을 만들었다. 인간은 삼차원의 불완전한 존재이다. 가끔 진화론에서 신을 부인할 때 설계 오류가 많다는 주장을 한다. 신이 정말로 인간을 만들었다면 지금처럼 방향전환이 불편하게 다리를 곧게 하지 않았을 것이며, 어떤 기관은 돌리지 않고 곧장 호흡이나 피가 통하게 했을 것이고 등등이다.

이런 비판 자체가 오류이다. 그런 논리면 날개와 아가미도 달아줘야 한다. 인간은 새나 물고기가 아니다. 완벽하지 않은 최종상태를 완벽하게 창조한 것이다. 문제는 그다음이다. 불완전한 육신을 가진 인간에게 신은 더 많은 것을 주고 싶으셨다. 그래서 하나님을 닮은 지성과 영성과 자율성을 속에다 불어넣으셨다. 이것은 인간을 향한 하나님의 기대와 사랑이었다. 이로써 인간은 물질을 초월하여 저 너머의 세계와 소통할 수 있게 되었다.

신은 영적인 피조물을 창조하여 그와 고결한 관계를 맺으려 하셨다. 기도하는 토끼나 찬양하는 쥐는 없지만 인간은 "모든 면에서 종교심이 많다"(행 17:22, 바른성경). 땅에 속한 피조물이지만 물질계 너머를 보려고 한다. 그래서 바울은 이렇게 말한다.

> 하나님을 알 만한 것이 그들 속에 보임이라 하나님께서 이를 그들에게 보이셨느니라(롬 1:19).

하지만 이 영성과 자율성은 필연적인 위험을 동반한다. 피조물이라는 정체성을 깨뜨려 상하 관계의 파괴에 이를 수 있기 때문이다. 알다시피 아담의 범죄는 '하나님과 같이 되기 위함'(창 3:5)이었다.

그럼에도 신은 이 위험을 감수하기로 결심하셨다. 불안한 조건들이 오히려 관계의 진실성을 보증하기 때문이다. 그래서 마침내 자신이 컨트롤하기 힘든 인간을 창조하셨다. 더 정확히 말하면 컨트롤을 시도할 때 오히려 창조의 목적이 상실되는 기이한 존재를 창조하시고 말았다.

이로써 인간에게 두 가능성이 열렸다. 스스로 신을 사랑할 것인가 혹은 배신할 것인가이다. 이 필연의 위험성을 줄이려고 신은 인간의 사랑을 받기 위한 조건까지 미리 충분하게 마련해 두셨다. '선악과'라는 조항 하나만 남기고, 창조주의 권한을 내려놓고 인간에게 모든 것을 허용하신 것이다(창 2:16-17).

대체 왜 그러셨을까? 배신의 가능성이 제로인 존재는 사용하고 감상하는 도구이다. 그런 상대와는 교감이 불가능하다. 신은 성능 좋은 로봇, 주인의 발아래 뛰노는 애완견이 아니라, 어디로 튈지 몰라 불안하지만 끝내 아빠를 믿고 따르는 사춘기의 자녀를 두고 싶으셨던 것이다. 하지만 결국 이 인간에게 배신을 당하고 말았다.

간혹 신의 주권과 전능 옹호에 강박을 가지고 있는 이들은 이렇게 주장한다. 하나님은 이미 인간의 배신과 타락과 구원과 심지어 멸망당할 자조차 창조 전에 다 알고 결정해 놓았다고 말이다. 얼핏 보면 좋은 신앙 같지만 큰 착각이다.

모든 것이 결정된 관계는 꼭두각시 연극이다. 참된 관계는 가능성 위에 맺어진다. 가능성은 결정됨을 능가한다. 신은 위험한 인간과 전쟁 같은 사랑 속에 함께 울고 웃을 작정이셨다. 그 위태로운 역동성이 진짜 사랑이요 이미 짜진 각본에서 결코 경험할 수 없는 실제요 진실이다.

이것을 예수님이 잘 설명하셨다. 탕자의 비유에서 아버지는 하나님을 상징한다. 못된 아들이 나가 버렸을 때 아버지는 아무렇지도 않았을까? 전지전능을 강조하면 그래야 한다. 다 아는 각본이면 돌아올 것도 당연히 아니까 말이다. 하지만 아버지는 돌아오는 탕자를 보고 "측은히 여겨 달려가 목을 안고 입을 맞추"었다(눅 15:20). 이것은 쇼인가? 하나님은 지금 성경 독자들 앞에서 판토마임을 하시는 중인가?

상대에게 우선권과 특권을 부여하는 것은 무능이 아니라 사랑이다. 하지만 신은 그 사랑 때문에 배신을 당하셨다. 그때 하나님의 심정은 어떠셨을까? 찢어지게 아픈 배신감을 느끼셨을 것이다. 인간에게 부여한 특권도 당연히 거둬들이실 수밖에 없었다.

게다가 인간은 첫 배신 이후로 본격적인 타락의 고속도로를 타기 시작했다. 마침내 죄악으로 가득 찬 세상을 보시고 하나님은 결단의 순간에 서야 하셨다. 그때의 신의 심정이 적나라하게 나온다.

> 여호와께서 사람의 죄악이 세상에 가득함과 그의 마음으로 생각하는 모든 계획이 항상 악할 뿐임을 보시고 땅 위에 사람 지으셨음을 한탄하사 마음에 근심하시고 이르시되 내가 창조한 사람을 내가 지면에서 쓸어버리되 사람으로부터 가축과 기는 것과 공중의 새까지 그리하리니 이는 내가 그것들을 지었음을 한탄함이니라 하시니라 그러나 노아는 여호와께 은혜를 입었더라(창 6:5-8).

인간에게 배신당하셨으므로 신은 배신의 말로를 결정해야 했다. 고결한 관계를 내던진 인간은 더 이상 특별할 수 없었다. 가축과 기는 것과 다르지 않았다. 반항하여 끝내 신을 한탄하게 만든 극악한 피조물로 전락했다. 창조주는 이 모든 사태를 처분하고 정리할 권한이 있었다. 그래서 마침내 노아의 홍수가 결정된 것이다.

하지만 하나님께는 인간을 향한 사랑이 여전히 있었다. 그래서 이 무서운 선고의 말미에 중요한 단어가 등장한다. 그것이 바로 노아에게 베푸신 '은혜'였다. 사랑이 배신으로 결론 난 이상 모든 것이 다 폐기되어야 깔끔하다. 세상은 이제 골칫거리요 필요 없는 곳이다.

하지만 신은 다 썩은 고목 앞에서 도끼를 들다가 다시 새싹 하나를 기대하셨다. 그 싹을 또 사랑하기로 결심하셨다. 그래서 이 사랑은 은혜이다. 은혜는 곱절의 사랑이다. 포기할 상대를 향한 무모한 기대이다.

사랑에 배신당한 신은 더 큰 사랑으로 문제를 해결하고자 하셨다. 구정물로 변한 곳에 향기로운 꽃들이 새롭게 피어날 꿈을 꾸셨다. 이 사랑과 기대로 은혜의 시대를 여신 것이다. 성경은 바로 이 은혜를 전하는 책이다. 사랑의 배신에 더 큰 사랑으로 도전하신 신의 마음을 깨닫고 그 은혜를 받으라는 것이다.

이로써 인간은 다시 두 가능성 앞에 섰다. 신의 이 놀라운 은혜를 받을 것인지 버릴 것인지. 성경은 그 은혜를 감격하고 받아들인 자의 고백들을 자주 전한다. 다윗은 자신이 받은 은혜를 이렇게 표현한다.

> 여호와 우리 주여 주의 이름이 온 땅에 어찌 그리 아름다운지요 …
>
> 주의 손가락으로 만드신 주의 하늘과 주께서 베풀어 두신 달과 별

들을 내가 보오니 사람이 무엇이기에 주께서 그를 생각하시며 인자가 무엇이기에 주께서 그를 돌보시나이까 그를 하나님보다 조금 못하게 하시고 영화와 존귀로 관을 씌우셨나이다(시 8:1-5).

현대 과학은 관측 가능한 우주의 반지름이 465억 광년이라고 말한다. 이 엄청난 우주가 하나님의 손가락으로 만들어졌다. 손가락이라는 시적인 표현은 그만큼 쉽게 만드셨다는 의미이다. 하나님은 상상 불가한 우주 바깥에서 이 우주 만물을 간단히 만드신 분이다. 이런 우주 앞에 작고 보잘것없는 인간은 아무 의미가 없다.

하지만 신의 은혜를 깨달은 다윗은 다르게 고백한다. 이 거대한 우주를 손가락 하나로 만드신 하나님이 인간에게는 더 엄청난 것을 주셨다고 말이다. 그래서 붙은 단서가 "사람이 무엇이기에"이다. 이때의 '사람'은 히브리어 '에노쉬'로서 '아나쉬'에서 나온 말이다. '아나쉬'는 '약하다' 혹은 '병들다'의 뜻이다.

그러므로 이 '사람'(에노쉬)은 연약하고 유한한 인생을 가리킨다. 이 슬픈 운명은 인간이 하나님의 사랑을 배신했기 때문이다. 하지만 하나님은 그럼에도 이들을 불쌍히 여기고 은혜를 베푸셨다. 그래서 다윗은 이런 에노쉬 따위가 무엇이기에 '주께서 그를 생각하십니까'라고 고백한다.

여기서 '생각하다'로 번역된 말은 '자카르'인데, 본래 '기억하다'는 뜻이다. 이 고백이 보다 구체적으로 반영된 말씀이 시편에서 또 발견된다. 아삽의 시에 이런 구절이 나온다.

오직 하나님은 긍휼하시므로 죄악을 덮어 주시어 멸망시키지 아니하시고 그의 진노를 여러 번 돌이키시며 그의 모든 분을 다 쏟아내지 아니하셨으니 그들은 육체이며 가고 다시 돌아오지 못하는 바람임을 **기억하셨음**[자카르]이라(시 78:38-39).

하나님은 인간에게 긍휼을 베푸신다. 인간이 예뻐서가 아니다. 오히려 그들이 '육체이며 다시 돌아오지 못하는 바람'임을 기억하셨기(자카르) 때문이다. 다윗식으로 표현하면 그들이 '에노쉬' 곧 유한한 인생임을 기억하셨기 때문이다. 이 가련한 유한성은 인간의 죄 때문이다. 하지만 하나님은 인간 스스로 자초한 운명을 불쌍히 여기셨다. 이것이 바로 하나님의 은혜이다.

이어서 다윗은 '인자가 무엇이기에'라는 단서를 붙인다. 여기서 '인자'는 히브리어 '아담'이다. 즉 아담의 후손 된 모든 인간을 지칭한다. 아담은 첫 범죄자요 배신자였다. 따라서 다윗은 지금 '이 죄인이 무엇이기에'라고 말하는 것이다. 하나님을 배신한 죄인은 멸망당해야 한다. 하지만 주님은 이 죄인들에게 분노 대신 더 큰 사랑을 쏟으셨다. 그래서 다윗은 이런 죄인 따위가 무엇이기에 '주께서 그를 돌보시나이까'라고 고백한 것이다.

이때 '돌보다'는 히브리어도 '파카드'인데, 이 단어가 '자카르'와 나란히 등장하는 구절이 시편에 또 있다. 시편 106편에 이런 말씀이 나온다.

여호와여 주의 백성에게 베푸시는 **은혜로** 나를 **기억하시며**[자카르] 주의 **구원으로** 나를 **돌보사**[파카드] 내가 주의 택하신 자가 형통함을 보고 주의 나라의 기쁨을 나누어 가지게 하사 주의 유산을 자랑하게 하소서(시 106:4-5).

이 말씀 역시 다윗의 고백과 일치한다. 하나님은 유한한 '인생'(에노쉬)을 '기억하사'(자카르) '은혜'를 베푸시고, '죄인'(아담)을 '돌보사'(파카드) '구원'을 베푸셨다. 여기서 하나님의 사랑은 '은혜'와 '구원'으로 밝혀진다. 다윗은 이 '은혜와 구원'을 깨닫고 하나님께 '이 죄인이 무엇이기에 이런 사랑을 주시느냐'는 고백을 드린 것이다.

그래서 다윗의 시의 첫머리는 이렇게 시작되었다. "여호와 우리 주여 주의 이름이 온 땅에 어찌 그리 아름다운지요." 죄인에게 하나님은 두려운 존재이다. 하지만 은혜와 구원을 통하여 이제 하나님은 인간에게 가장 아름다운 분이 되셨다. 하나님은 인간의 입에서 이 고백이 나오기를 고대하셨다. 이를 위해 죄인들에게 은혜와 구원을 더하시고 마침내 사랑의 승리를 얻으신 것이다.

하지만 이 사랑에는 상상 못 할 과정이 있었다. '돌보다'로 번역된 '파카드'는 본래 '방문하다'는 뜻이다. 따라서 다윗의 고백은 '인간이 과연 무엇이기에 주께서 죄인들을 찾아오셨습니까'라는 말이다. 하나님의 사랑은 말로만 주어진 것이 아니다. 신은 죄인들 속에 직접 찾아와 은혜와 구원을 몸소 주시려 했다. 그래서 이렇게 예고하셨다.

외치는 자의 소리여 이르되 너희는 광야에서 여호와의 길을 예비하

> 라 사막에서 우리 하나님의 대로를 평탄하게 하라 … 여호와의 영광이 나타나고 모든 육체가 그것을 함께 보리라 이는 여호와의 입이 말씀하셨느니라(사 40:3-5).

하나님은 구약에서 이 죄악 된 세상을 친히 방문하겠다고 예고하셨다. 이를 위해 길을 닦으라고 외치는 종에게 명령하셨다. 그러면 모든 죄인이 그 길로 오시는 하나님의 영광을 볼 것이라고 하셨다. 그러자 외치는 자가 "내가 무엇이라 외치리이까"라고 여쭈었다. 하나님은 그에게 이렇게 말씀하셨다.

> 대답하되 내가 무엇이라 외치리이까 하니 이르되 모든 육체는 풀이요 그의 모든 아름다움은 들의 꽃과 같으니 … 풀은 마르고 꽃은 시드나 우리 하나님의 말씀은 영원히 서리라 하라(사 40:6-9).

하나님이 이 땅에 오시는 이유는 마르고 시드는 풀꽃 같은 인생을 위해서다. 가고 다시 돌아오지 못할 바람 같은 에노쉬를 긍휼히 여기신 것이다. 이 예언은 약 7백 년 후에 실제로 이루어졌다. 하나님과 일체이신 독생자가 육체를 입고 하늘에서 내려와 죄인들의 처벌을 대신 지고 십자가에서 죽으셨다.

이로써 마침내 은혜와 구원이 완성되었다. 그 독생자 예수님의 곁에서 모든 과정을 지켜본 베드로는 나중에 성도들에게 이렇게 말한다.

> 우리 주 예수 그리스도의 아버지 하나님을 찬송하리로다 그의 **많으신 긍휼**대로 예수 그리스도를 죽은 자 가운데서 부활하게 하심으로 말미암아 우리를 거듭나게 하사 산 소망이 있게 하시며(벧전 1:3).

하나님의 아들이 이 땅에 오신 것은 하나님의 "많으신 긍휼" 덕분이었다. 그 넘치는 긍휼이 '다시 돌아오지 못하는 바람' 같은 인생들을 기꺼이 사랑하시게 했다. 아무 소망도 없는 에노쉬들을 사랑하사 자기 아들을 죽게 하시고 마침내 인류 가운데 살아 있는 소망을 주셨다.

멸망을 향해 달리는 모든 인생에게 이보다 기쁜 소식은 없다. 그래서 베드로는 다시 이사야의 글을 상기시킨다.

> 모든 육체는 풀과 같고 그 모든 영광은 풀의 꽃과 같으니 풀은 마르고 꽃은 떨어지되 오직 주의 말씀은 세세토록 있도다 하였으니 너희에게 전한 복음이 곧 이 말씀이니라(벧전 1:24-25).

사랑에 대한 배신을 더 큰 사랑으로 압도하신 하나님. 죽을 인간들을 위해 어처구니없게도 자기 아들을 죽이신 하나님. 폐기 처분할 인간을 여전히 '하나님보다 조금 못하게 하시고 영화와 존귀로 관을 씌우신' 하나님. 다윗은 이 놀라운 은혜와 구원을 깨닫고 '주의 이름이 온 땅에 어찌 그리 아름다운지요'라고 고백하였다. 베드로도 역시 '예수 그리스도의 아버지 하나님을 찬송하리로다'라고 외쳤다.

이로써 하나님은 스스로 택하신 모순과 역설에서 벗어나셨다. 들 수도 없고 들어서도 안 되는 바위가 마침내 스스로 들썩거리기 시작한 것이다. 오직 사랑에 사랑을 더하심만으로.

부록

# 신약성경 입체 정독

성경을 읽는 일차 목표는 본문 속에 담긴 뜻을 찾는 것이다. 이를 보통 '해석' 작업이라고 한다. 성경 해석은 녹록한 일이 아니다. 본문들은 글로 구성되었지만 진짜 의미는 글 아래 감춰진 경우가 부지기수이기 때문이다. 따라서 꼼꼼하게 읽는 정독이 필수이다.

예를 들어 성경을 대충 읽어 가는데 이런 질문을 만난다. "네가 하나님은 한 분이신 줄을 믿느냐"(약 2:19a). 사전 지식이 없는 상태라면 우리 모두 '아멘' 할 것이다. 그러고 지나가려는데 갑자기 다음 문장이 발목을 잡는다. "잘하는도다 귀신들도 믿고 떠느니라"(약 2:19b). "잘하는도다"까지만 보면 칭찬인 것 같아 뿌듯하다. 하지만 끝의 한 문장이 모든 것을 뒤집는다. 그런 고백은 귀신의 수준일 뿐이라고 말하기 때문이다. 그러면 비로소 많은 질문들이 엄습한다.

성경을 읽을 때 이런 경우가 무척 많다. 그럼에도 나 몰라라 넘어가면, 성경 읽기가 깨닫는 과정이 아니라 의문을 쌓는 것이 되고 만다. 따라서 본문이 야기하는 질문들을 무시하고 넘어가면 안 된다. 그 질문들이 바로 하나님의 뜻으로 이끄는 문이다.

그런데도 우리는 좁은 문에서 본문과 씨름하는 수고를 별로 좋아

하지 않는다. 불교의 〈반야심경〉 일천독처럼, 성경 몇십 독이라는 업적에 전념한다. 이제는 방식을 좀 바꿔야 할 때가 되었다. 본문을 붙들고 야곱처럼 "당신이 내게 축복하지 아니하면 가게 하지 아니하겠나이다"(창 32:26)라며 씨름하는 자가 복이 있다.

그러면 **신약성경을 정독할 때 어떤 원칙들을 기본에 두어야 할까?** 먼저 **서신서**들부터 생각해 보자. 서신서들은 AD 1세기경에 누군가가 직접 쓴 편지이다. 따라서 저자가 직접 등장하므로 그의 집필 의도에 우선 집중해야 한다. 무슨 의도로 지금 이 말을 하는지에 집중하면 그를 통해 말씀하시는 분이 하나님이시기에 주님의 뜻을 깨달을 수 있다.

이것은 흔히 말하는 유기적 영감설과도 통한다. 하나님께서 글자 하나하나를 불러 주신 것이 아니라 기록자의 인격과 품성과 상황에까지 영감을 불어넣어 성경을 완성케 하셨다는 것이다. 그렇다면 인간 저자가 매우 중요해진다. 그 사람의 상황과 의도 속에 하나님의 뜻이 담겨 있기 때문이다.

하지만 그다음 단계도 있다. 저자는 절대 따로 존재할 수 없다. 편지를 쓸 때는 필연적으로 자신의 독자를 의식한다. 편지 받는 수신인들의 상황이나 질문들이 저자의 방향을 결정한다. 예를 들어 바울은 고린도 교회에게 "너희가 쓴 문제에 대하여 말하면…"(고전 7:1)이라고 쓴다. 이것은 독자들이 그에게 먼저 던진 질문이 있었다는 증거다. 이런 상호작용을 고려할 때 비로소 저자의 의도와 독자들의 상황에 이를 수 있다.

따라서 서신서는 저자와 독자를 동시에 유념해야 한다. 둘 사이의 관계에 본문의 열쇠들이 담겨 있기 때문이다. 예를 들어 바울은 갈라디아 교회에게 "어리석도다 갈라디아 사람들아"(갈 3:1)라고 야단쳤고, 고린도 교회에게는 "내가 매를 가지고 너희에게 나아가랴"(고전 4:21)며 혼을 냈다. 하지만 로마 교회를 향해서는 비교적 온순하게 "내 형제들아 너희가 스스로 선함이 가득하고 모든 지식이 차서 능히 서로 권하는 자임을 나도 확신하노라"(롬 15:14)고 말한다.

이런 상반된 태도는 바울과 그의 수신자 사이의 관계에서 비롯된다. 갈라디아나 고린도 교회는 바울이 직접 세운 교회였다. 그래서 자기 교회의 골치 아픈 문제들을 직접 뜯어고치려고 강하게 편지를 썼다. 그러나 로마 교회는 바울이 대면조차 한 적이 없는 곳이었다. 게다가 그들에게 자신의 스페인 선교 지원을 부탁하려는 의도도 있었다(롬 15:22-24).

그러다 보니 이런 말까지 첨부했다. "내가 그리스도의 이름을 부르는 곳에는 복음을 전하지 않기를 힘썼노니 이는 남의 터 위에 건축하지 아니하려 함이라"(롬 15:20). 이런 변명은 로마 교회 안에 왜 자꾸 바울이 자기 교회를 집적대냐고 반발하는 이들이 있었다는 증거이다. 이처럼 저자와 독자의 관계는 서신서의 방향과 분위기에 큰 영향을 끼친다.

그럼 이제 다음으로, **복음서와 사도행전**으로 넘어가 보자. 이 책들에는 서신서보다 조금 더 복잡한 배경이 있다. 일단 저자가 글 속에 거의 드러나지 않는다. 본문 뒤에 서서 예수님과 사도들의 이야기를 객관적인 하나의 작품으로 구성하였다. 따라서 저자를 무리하게 특정하면 오히려 해석에 선입견이 끼어들기 쉽다.

예를 들어 누가복음은 "의사 누가"(골 4:14)가 썼으니까 하는 방식으로 읽는 것이다. 이런 식으로 접근하는 분들이 생각보다 많은데 그럴 필요가 없다. 성경 자체에는 역사 속에 존재했던 마태, 마가, 누가, 요한 등이 복음서의 저자라는 증거가 없다. 저자의 명칭이 추가된 것은 복음서들이 출간되고 100여 년이 더 지난 후부터였다. 그래서 복음서의 저자 문제는 아직까지 확정되지 못했고 학자들도 계속 논쟁 중이다.

이런 상황에서 마태는 세리니까, 누가는 의사니까, 마가는 베드로의 비서였으니까 하는 식으로 복음서를 읽으면 본질이 가려질 확률이 높다. 세리였던 마태와 마태복음을 연결시키지 않는다고 해서 그것이 비성경적이거나 불경한 것은 절대 아니다. 우리가 믿는 것은 세리 마태가 마태복음을 썼다는 것이 아니라, 마태복음 속에 담긴 내용 자체이다. 따라서 전통적인 저자를 배제하고 날것 그대로 복음서에 접근하는 것이 훨씬 좋은 방식이다(물론 글쓴이는 복음서 저자에 대한 전통적인 견해들이 꽤 일리 있다고 본다).

우리는 좀 다른 의미에서 복음서의 저자를 의식해야 한다. 긴 이야기가 한 권의 책으로 완성되려면 반드시 글감이 있어야 한다. 실제 역사 속의 사건들은 더더욱 다양한 사료가 필요하다. 따라서 진짜 의식할 저자는 실제 마태, 마가 등이 아니라 각 권을 쓰기 위해 목격자와 증인들의 자료를 모으고 엮어서 지금의 복음서 형태를 최종 마무리한 어떤 존재이다.

물론 그 존재를 곧 목격자와 증인으로 볼 수도 있다. 하지만 그렇지 않은 경우도 많다. 예를 들어 요한복음의 다음 구절을 한번 보자.

> 그중 한 군인이 창으로 옆구리를 찌르니 곧 피와 물이 나오더라 **이를 본 자가 증언**하였으니 그 증언이 참이라 그가 자기의 말하는 것이 참인 줄 알고 너희로 믿게 하려 함이니라(요 19:34-35).
>
> 이 일들을 **증언하고** 이 일들을 **기록한** 제자가 **이 사람**이라 **우리**는 그의 증언이 참된 줄 아노라(요 21:24).

이 구절들을 얼핏 읽으면 저자가 자신의 목격담을 요한복음에 직접 기록한 것처럼 보인다. 하지만 다시 보면 이상한 부분이 발견된다. 바로 "우리는 그의 증언이 참된 줄 아노라"이다. 불쑥 끼어들어 정체를 드러낸 "우리"는 대체 누구일까.

이들은 요한복음을 최종 완성한 사람들이다. 저자가 남긴 증언들을 듣고 혹은 읽고, 이것이 참되다고 믿은 이들이 그의 글을 바탕으로 요한복음을 최종 마무리한 것이다. 따라서 현재 우리 손에 들린 요한복음은 엄밀히 말해서 목격자 '요한'이 아니라 그의 증언을 바탕으로 요한의 제자들이 완성시킨 것이다. 그래서 마지막에 '우리는 그의 증언이 참된 줄 아노라'가 붙은 것이다.

이처럼 최종적으로 출간을 완수한 자들을 보통 '편집자'라고 부른다. 성경을 이야기할 때 '편집'이라는 말이 나오면 펄쩍 뛰는 경향이 있는데 그럴 필요가 없다. 이 세상에 편집을 거치지 않고 나오는 책은 없기 때문이다.

예를 들어 복음서를 읽을 때 동일한 사건이 서로 다르게 기록된 부분들을 발견하는 경우가 종종 있다. 그럴 때는 각 복음서의 최종 편집자(물론 저자라고 불러도 상관없다)가 자신의 복음서를 자신만의 방식으로 완성했다고 이해하면 된다. 그러면 비로소 각 복음서의 행간으로 들어갈 길이 보인다. 저자가 책을 엮어서 완성하려면 반드시 글감과 자료들이 필요하기 때문이다.

우리는 이것을 누가복음 서론에서 확인할 수 있다. 누가는(다시 말하지만 의사 누가를 뜻하는 것이 아니다) 자기 복음서의 시작에 이런 프롤로그를 달고 있다.

> **우리 중에 이루어진 사실**에 대하여 처음부터 **목격자와 말씀의 일꾼 된 자들이 전하여 준** 그대로 **내력**을 저술하려고 붓을 든 사람이 많은지라 그 모든 일을 근원부터 자세히 미루어 살핀 나도 데오빌로 각하에게 차례대로 써 보내는 것이 좋은 줄 알았노니 이는 각하가 알고 있는 바를 더 확실하게 하려 함이로라(눅 1:1-4).

"우리 중에 이루어진 사실"은 한마디로 이 땅에 오신 예수님의 행적을 말한다. 누가는 자신이 이 사건들의 직접 목격자가 아님을 밝히고 있다. 이런 상황에서 예수님에 대한 긴 글(복음서 중에 누가복음이 가장 길다)을 쓰려면 당연히 수많은 자료가 필요하다. 그는 이것들이 "목격자와 말씀의 일꾼 된 자들이 전하여 준" 증언이라고 밝힌다. 한발 더 나아가 이 증언들을 바탕으로 다른 사람들이 전에 쓴 "내력"들까지 자신의 자료에 포함시킨다.

하지만 자료만 모아서 나열한다고 믿을 만한 글이 되는 것은 아니다. 각각의 자료들을 분석하고 선별하는 작업이 필수이다. 이것은 절대 쉬운 일이 아니다. 오늘날도 제대로 된 학위를 얻으려면 자료

검토 능력부터 치밀하게 훈련받아야 한다. 그런 면에서 누가복음의 저자는 탁월한 학자였다. 예수님의 행적에 대한 목격자가 아닌 상태지만 수많은 자료의 신빙성을 파악해서 누가복음이라는 걸작을 완성했기 때문이다.

이 과정은 "모든 일을 근원부터 자세히 미루어 살핀 나"라는 고백 속에 나온다. '자세히'(아크리보스)의 원뜻은 '주의 깊게' 혹은 '정확하게'이고, '미루어 살핀'(파라콜뤼떼오)은 문자적으로 '가까이 따라가다'는 뜻이다. 즉 누가 자신이 여러 자료를 가까이에 놓고 면밀하게 조사하였다는 말이다. 독자들에게 꼭 필요한 예수님의 행적을 전달하려고 고된 땀을 흘렸다는 고백이다.

하지만 그 후에 더 힘든 작업이 기다리고 있다. 내용들을 선별한 후 순서를 정해서 한 덩어리의 글 탑을 쌓아야 한다. 이것은 선별작업보다 더 어렵다. 심지어 당시에는 컴퓨터는커녕 연필도 지우개도 없었다. 그럼에도 누가는 기어이 이 일을 해내어서 마침내 "차례대로" 쓰는 일에 성공했다. "차례대로"라는 말은 자신의 연구 결과를 적합한 순서대로 정리하였다는 말이다. 그렇게 지금 우리 손에 전달된 유산이 바로 누가복음과 사도행전이다.

이 과정은 누가만의 것이 아니다. 앞에서 본 요한복음의 '우리'들도 스승 요한의 증언을 바탕으로 필요한 자료들을 최대한 모으고 선별해서 지금의 요한복음을 완성했음이 분명하다. 마태와 마가도 예외가 아니다.

따라서 우리는 한 가지 중요한 결론에 이른다. 복음서들과 사도행전의 내용은 오늘날의 영상이나 녹음 또는 녹취물이 아니라는 것이다. 각 복음서는 각 저자의 고유한 시각과 필치로 기록되었다. 따라서 복음서를 통해 예수님이 하신 말씀과 행동을 토씨 하나도 틀리지 않게 추적하는 것은 불가능에 가깝다. 이 말에 놀라실 분도 있을 텐데 그럴 필요가 없다.

각 복음서는 저자들이 각각의 연구와 분류 작업을 통해 완성했으므로 네 권 모두 정확하게 일치할 수 없다. 만약 그렇다면 조작이 들어간 증거일 뿐이고, 무엇보다 복음서가 네 권일 필요도 없다. 각 복음서의 내용들은 여기 실린 것이 저기서는 빠지기도 했고, 같은 내용도 다르게 기록된 경우가 많다.

이 모두는 저자들이 자신의 교인들을 염두에 두고 그들에게 가장 필요한 내용을 가장 좋은 방법으로 전달하려 했기 때문이다. 이걸 확인하기 위해 본인이 자주 사용하는 예를 들어보겠다. 아래의 두 구절을 비교해서 읽어 보자.

> **참새 두 마리가 한 앗사리온**에 팔리지 않느냐 … 두려워하지 말라 너희는 많은 참새보다 귀하니라(마 10:29-31).
>
> **참새 다섯 마리가 두 앗사리온**에 팔리는 것이 아니냐 … 두려워하지 말라 너희는 많은 참새보다 귀하니라(눅 12:6-7).

마태와 마가에 모두 등장하는 이 구절은 예수님이 실제로 참새와 앗사리온에 대한 설교를 하셨다는 증거이다. 내용도 비슷하고 결론도 같다. 하지만 이 둘을 통해서 그때 예수님이 정확히 어떤 문장을 말씀하셨는지는 결정하기 힘들다. 마태의 증언처럼 "참새 두 마리"

였을지 누가처럼 “참새 다섯 마리”로 시작하셨을지 확정할 수 없다.

그럼 대체 왜 둘의 진술이 엇갈리는 것일까? 여기서 우리는 저자의 손길을 느낀다. 아마도 누가는 예수님의 이야기를 더 현실감 있게 전하려고 했던 것 같다. 참새 두 마리는 한 앗사리온인데, 두 앗사리온을 내면 한 마리를 덤으로 주니까 총 다섯 마리라고 한 것이다. 가뜩이나 싸구려인 참새를 더 보잘것없게 보이도록 강조한 것이다.

이것은 예수님의 의도와 정확히 일치한다. 애초에 주님이 참새와 앗사리온(아주 적은 화폐단위이다)을 연결시키신 것부터가, 참새의 보잘것없음에 대한 강조였기 때문이다. 따라서 누가는 주님의 이런 강조점에 재치 있게 수사학적인 강조를 더했다고 볼 수 있다. 그게 아니라면 이 설교에 대한 여러 증언 중에, ‘두 마리’설과 ‘다섯 마리’설을 놓고 고심하다가 후자를 택한 것일 수도 있다. 이처럼 첨가든 선택이든 누가가 지금 이 말씀을 마태보다 더 흥미롭게 전하는 것은 분명하다.

그렇다면 여기서 복음서의 성격이 드러난다. 복음서는 예수님의 실제 목소리를 토씨까지 일점일획 전하려고 쓴 것이 아니다. 다시 말해 활동사진이 아니라, 예수님의 사건의 뜻과 핵심을 각자의 개성 있는 목소리에 담아서 전했다는 말이다. 그러므로 각 복음서의 내용에는 각 저자의 서로 다른 의도와 그 글을 읽는 교회들의 입장이 담겨 있다. 한마디로 복음서는 건조한 신문기사가 아니라 일종의 설교집이었다.

이런 현상은 오늘날도 얼마든지 찾아볼 수 있다. 어떤 사건에 대한 증언들을 수집하면 서로 일치하지 않는 경우가 많다. 같은 사건을 보더라도 서로의 시각과 입장이 다르기 때문이다. 따라서 한 사람의 증언만 가지고 사실을 판단하는 것은 문제가 많다. 다양한 시각과 증언들이 비교되고 합쳐질 때 진실이 드러난다. 그래서 하나님은 네 명의 저자들로 각각의 복음서를 기록하게 하신 것이다. 자신의 입장에서 자신의 필치로 기록한 내용을 통해 다양한 시각으로 예수님을 보도록 하신 것이다.

따라서 누군가 나는 오직 말씀대로 믿는다고 하면서, 각 복음서의 기록들은 일점일획도 틀림이 없다고 주장하면 오히려 성경의 권위를 훼손하는 결과에 이른다. 같은 사건이지만 내용이 다른 구절들을 금방 찾을 수 있기 때문이다.

성경이 하나님의 말씀이라는 것은 그런 뜻이 아니다. 각 복음서가 서로 합력하는 가운데 하나님의 뜻과 진실을 찾아가도록 하신 것이다. 따라서 각 복음서 간에 일치하지 않아 보이는 부분들이 오히려 소중하다. 그 차이들 속에 좀 더 원초적인 예수님의 모습과, 각 저자가 처한 입장과, 이를 전달받은 독자들의 상황까지 유추할 수 있기 때문이다.

예를 하나 들어 보겠다. 예수님이 제자들과 배를 타고 가실 때 광풍을 만난 사건은 마태·마가·누가복음에 모두 나온다. 내용도 거의 같다. 일단 겁에 질린 제자들이 주무시는 예수님을 깨우는 장면이 나온다. 그러자 일어나신 주님이 열두 제자에게 아래와 같은 말씀들을 하신다. 그 말씀들을 비교해 보자.

**마태복음:** "어찌하여 무서워하느냐 믿음이 작은 자들아"(마 8:26).

**마가복음:** "너희가 어찌 믿음이 없느냐"(막 4:40).

**누가복음:** "너희 믿음이 어디 있느냐"(눅 8:25).

이 진술들을 보면 제자들의 실태가 세 종류로 나뉜다. 마태의 경우 '믿음이 작은 자'이고, 마가의 경우 '믿음이 없는 자'이고, 누가는 '믿음이 있었다가 실종된 자'이다. 이를 놓고 예수님이 세 가지 표현을 동시에 다 하셨다고 주장하는 건 억지이다.

그럼 셋 중에 어떤 말씀을 하셨을까? 그것을 확정하기는 어렵다. 하지만 그 당시 주님께서 믿음과 관련하여 열두 제자를 꾸짖으셨다는 것만은 명확한 사실이다. 이 핵심은 세 복음서가 확실히 일치한다. 그런데 왜 꾸짖으심의 내용이 다른 것일까.

여기서 우리는 이 사건을 전하는 저자들의 속사정을 또 만난다. 일단 마가는 열두 제자의 위상에 전혀 신경 쓰지 않고 있다. 그래서 제자들을 믿음이 없는 존재라고 딱 잘라서 말했다. 이제까지의 신약 연구는 마가복음이 가장 먼저 써졌고 마태와 누가가 이를 참고했다고 보는 것이 거의 정설이다. 그럼 일단 마가복음의 이 구절을 원조로 놓고 진행해 보자.

그러면 우리는 마태와 누가가 이 장면을 기록할 때 어떤 안타까움이 있었음을 짐작할 수 있다. 마가복음에서 열두 사도가 믿음이 아예 없는 존재로 묘사된 것이 좀 심하다고 생각한 것이다. 그래서 누가는 제자들이 본래 믿음이 있었지만 잠시 실종된 상태라고 했고, 마태는 좀 더 나아가 믿음은 있는데 단지 작은 상태였을 뿐이라고 완화시킨 것이다.

따라서 우리는 이를 통해 각 복음서의 저자들이 당시에 열두 사도들을 어떻게 생각했는지 추측할 수 있다. 열두 사도들을 가장 존중했던 것은 마태였고 그다음이 누가였고 마지막으로 마가는 그런 일에 별로 신경 쓰지 않았다.

이것은 비단 각 저자의 입장뿐 아니라 그 글을 읽는 각각의 공동체원들도 마찬가지라고 이해할 수 있다. 즉 마태는 자기 교인들이 열두 사도를 무시하면 어떡하나 염려했지만 마가에게는 이것이 전혀 고려대상이 아니었다는 말이다. 아마도 누가는 이 둘의 중간 정도 입장이었던 것 같다.

이런 발견들은 다른 본문들의 행간도 함께 여는 마스터키 역할을 한다. 방금 찾은 시각으로 복음서들을 깊이 살펴보면 비슷한 증거들이 계속 발견된다. 예를 들면, '바리새인의 누룩'에 대해 경고하시는 장면에서 마가복음은 예수님이 제자들을 향해 "너희가 눈이 있어도 보지 못하며 귀가 있어도 듣지 못하느냐"(막 8:18)라고 꾸짖으셨다고 한 후에 "아직도 깨닫지 못하느냐 하시니라"(막 8:21)로 마무리한다.

이에 비해 마태는 마가의 호된 표현을 다 생략하고 마지막에 "그제서야 제자들이 … 깨달으니라"(마 16:12)를 덧붙여 열두 제자의 위상을 또 슬며시 세워 준다. 그래서 오늘날 많은 학자들은 마가의 공동체를 탈권위적인 평신도 중심의 교회로 보고 마태의 공동체는 체계적이고 권위를 존중하던 교회로 이해한다. 실제로 이를 뒷받침하는 증거들이 각 복음서에 상당히 많고 지금도 계속 발견되는 중이다.

이제 마무리를 해보자. 각 복음서의 저자는 자기 공동체의 입장, 혹은 자기 공동체의 지향점을 고려하며 글을 썼다. 이 입장과 지향

점을 다른 말로 '신학'이라고 말한다. 그래서 마태복음서에는 마태의 신학이 마가복음서에는 마가의 신학이 담겨 있다고 말한다. 결국 이 신학의 차이로 복음서의 내용들은 다양해지고 더 풍성한 진리와 정보의 보고가 되었다.

이것을 의식하며 복음서를 읽으면 우리는 일반적인 성경읽기에서 얻기 힘든 세 가지 열매를 거둘 수 있다. 첫째는 각 복음서가 증언하는 예수님의 다양한 말씀과 행적이요, 둘째 이것을 자기만의 고유한 언어로 그려낸 저자들의 입장(신학)이고, 셋째는 그 저자가 속한 공동체의 형태와 상황, 다시 말해 그 복음서를 읽던 1세기 독자들의 모습이다.

이상의 열매들을 통해서 우리는 예수님의 실제 모습에 더 가까이 다가갈 수 있는 길을 얻고, 동시에 주님의 승천 이후 복음서를 읽으며 믿음을 이어 가던 초대교회의 모습도 파악할 수 있다. 또한 이를 바탕으로 현대의 우리 신앙과 교회까지 비교 점검할 수 있게 되는 것이다. 이처럼 풍요로운 지식에 이르도록 하나님께서는 네 권의 복음서가 다양한 상황 속에서 다채롭게 기록되도록 은혜를 베푸셨다.

# 그건 그런 뜻이 아니에요 ❷

**초판 1쇄 펴낸날** 2025년 5월 15일

**지은이** 오경준
**펴낸이** 박종태

**책임편집** 이현주 옥명호
**디자인** 스튜디오 아홉
**제작처** 예림인쇄 예림바인딩

**펴낸곳** 비전북
**출판등록** 2011년 2월 22일 (제 2022-000002호)
**주소** 10849 경기도 파주시 월롱산로 64 1층(야동동)
**전화** 031-907-3927 | **팩스** 031-905-3927
**이메일** visionbooks@hanmail.net
**페이스북** @visionbooks **인스타그램** vision_books_

**마케팅** 강한덕 박상진 박다혜 김석현
**관리** 정광석 박현석 김신근 조용희 이용주 전경성
**경영지원** 김태영 최영주

**공급처** (주)비전북
T.031-907-3927 F.031-905-3927



ISBN 979-11-86387-64-1 03230

- 비전북은 몽당연필, 바이블하우스, 비전CNF와 함께합니다.
- 잘못된 책은 구입하신 서점에서 바꾸어드립니다.
- 책값은 뒤표지에 있습니다.